Unimog
in Aktion

IMPRESSUM

HEEL Verlag GmbH
Gut Pottscheidt
53639 Königswinter
Telefon 0 22 23 / 92 30-0
Telefax 0 22 23 / 92 30 26
Mail: info@heel-verlag.de
Internet: www.heel-verlag.de

© 2004: HEEL Verlag GmbH, Königswinter

Verantwortlich für den Inhalt:
Matthias Röcke, Sinzig

Fotos:
Archiv des Autors, Archive der Hersteller
und weitere Archive

Gestaltung und Satz:
Grafikbüro Schumacher, Königswinter

Lithografie:
Collibri, Petra Hammermann, Königswinter

Druck:
Graspo CZ, Tschechien

Printed in Czech Republic

- Alle Rechte vorbehalten –

ISBN 3-89880-214-0

Matthias Röcke

Unimog in Aktion

HEEL

Inhalt

Einleitung 7

Kapitel 1: 8

Der lange Weg: Vom Ackerschlepper
zum Alleskönner

Kapitel 2: 34

Neu aufgestellt: Geräteträger
und Extremfahrzeug

Kapitel 3: 54

Geräte im
kommunalen Einsatz

Kapitel 4: 68

Gesammelte Werke der Tüftler

Kaleidoskop der Geräte 126

Kapitel 5: 138

Technische Daten

Einleitung

Der Unimog ist ein Phänomen, ein „Wunderding mit einzigartiger Ausstrahlungskraft". Woran man das merkt? Es gibt Unimog-Fans jeden Alters und in grundverschiedenen Ansätzen – solche, die sich wie häufig in der Szene für die Oldtimer begeistern, aber auch solche, die die aktuellen Produkte feiern. Den Unimog kennt einfach jeder, selbst Zeitgenossen, die auf der Straße einen Baustellenkipper nicht vom Fernlastzug unterscheiden, wissen, wie ein Unimog aussieht.

Die Bewunderung für dieses Fahrzeug mit seiner bewegten Entwicklungsgeschichte – gedacht war das „Universalmotorgerät" einst als Ackerschlepper – bezieht sich meistens auf Extremleistungen. Unimog bei der Waldbrandbekämpfung, in der Wüste, mitten im Schlamm der Braunkohle oder auf der Schiene vor einem Güterzug, der so genannte Alleskönner setzt seine Rekordmarken.

Dieses Buch ist den extrem guten Geländeeigenschaften und anderen Technik-Glanzlichtern des Unimog erst in zweiter Linie gewidmet, auch Historie und Technik der aktuellen Modellreihe treten etwas in den Hintergrund hinter dem Hauptthema: dem Geräteeinsatz. Geniale Tüftler waren und sind nämlich nicht nur bei DaimlerChrylser am Werk. Sie sitzen auch in den Betrieben der Gerätehersteller und zerbrechen sich über Anbaugeräte, Auf- oder Umbauten den Kopf. Sie sind es eigentlich, die dem Unimog zu seiner großen Verbreitung verhelfen, denn die guten Eigenschaften des Basisfahrzeugs allein reichen für die meisten Einsatzgebiete nicht aus.

51 Firmen, über die Zusatzgeräte in enger Beziehung zum Unimog stehend, sind hier in Wort und Bild vorgestellt. Die Baumverpflanzungsmaschine ist dabei, die extrem leistungsfähige Seilwinde, das Kabelverlegegerät oder die große Schneefräse mit Eigenantrieb. Was im Löschaufbau für die Werksfeuerwehr des Chemiebetriebs steckt oder welche Finessen ein vom Computer gesteuerter Streuautomat in sich trägt – das ist Thema dieses Buches. Und natürlich die Geschichte dieser Geräte, entwickelt in frühen Jahren des Experimentierens nach der Methode, dem Fortschritt auch durch Irrtum auf die Spur zu kommen.

Es liegt auf der Hand, dass die Arbeiten an diesem Thema eine höchst spannende Angelegenheit waren und dass sie viel Freude bereitetet haben. Herzlich gedankt sei den vielen Geräteherstellern, die in ihren Unterlagen stöberten und Interessantes zu Tage förderten. Das reichte vom kompletten Bildarchiv wie bei Schmidt in St. Blasien bis zum zufällig im sprichwörtlichen Schuhkarton gefundenen Papierabzug eines einzigen Fotos – so bunt wie die Szene der Geräte- und Aufbautenindustrie geriet auch die Ausbeute der Suche nach Dokumenten. Systematische Unterstützung erfuhr das Buch außerdem durch das DaimlerChrysler Konzernarchiv in Stuttgart-Untertürkheim. Von diesem Fundus an Wissen und Dokumenten zu profitieren, ist immer wieder eine Freude. Auch der Produktbereich Unimog/Sonderfahrzeuge im Werk Wörth war mit von der Partie, wenn es um wichtige Informationen ging, ebenso die Pressestelle Nutzfahrzeuge in Stuttgart-Möhringen. Sie alle und auch die anderen genannten Quellen haben wesentlich zum Gelingen dieses Buches beigetragen.

Matthias Röcke
Sinzig, Januar 2004

Kraftakt der speziellen Art: Unimog mit Grabenfräse

Kapitel 1

■ Schwerathlet auf seichtem Untergrund: Auch so entfaltet der Unimog seine Kraft

Der lange Weg:
Vom Ackerschlepper zum Alleskönner

Alleskönner

Das Ziel ist formuliert, der Unimog macht sich auf den Weg

Der Unimog von Boehringer, hier ein Exemplar von 1950

Ein wenig haftet den Geschichten von genialen Erfindern, die zudem erfolgreiche Unternehmer waren und auf beiden Feldern sich von nichts abschrecken ließen, der Ruf der Legende aus der guten alten Zeit an. Heute werden neue Fahrzeuge auf Vorstandsbeschluss unter Bereitstellung eines dicken Etats und nach vielfachen Zwischenabnahmen, Marketingstudien und einer alle Eventualitäten ausschließenden Erprobung marktreif gemacht, einzelne Persönlichkeiten als die Urheber einer Idee bleiben meist ungenannt.

Deshalb mag man die Geschichten von früher manchmal nicht so recht glauben. Aber es hat sie gegeben, in der Kraftfahrzeugindustrie der Aufbaujahre nach dem Zweiten Weltkrieg sogar häufig. Ob Kleinwagenpioniere oder von der Idee des modernen Omnibusses beseelte Unternehmer – das Wirken einzelner, von Hans Glas (Goggomobil) bis Otto Kässbohrer (Setra-Busse) in dieser bewegten Zeit ist vielfach dokumentiert, durch zeitnahe Berichte der Akteure selbst und durch Zeitzeugen. Auch der Unimog hatte seine legendären Väter: Albert Friedrich und Heinrich Rößler.

Der Ingenieur Albert Friedrich leitete in den frühen 40er-Jahren bei Daimler-Benz die Entwicklung von Flugmotoren im Werk Berlin-Marienfelde. 1942, mitten im Zweiten Weltkrieg, befasste er sich erstmals mit einem kleinen, allradgetriebenen Mannschaftstransporter, wofür auch immer dieser gedacht war. Auf den Skizzen – gebaut wurde er nie – wirkt das intern W 179 II genannte Fahrzeug wie ein hochbeiniger, geländegängiger Lieferwagen. Zwei Jahre später, als die militärische Lage sich für Deutschland immer ungünstiger entwickelte und klar denkende Menschen mit dem Ende des Krieges und der nationalsozialistischen Herrschaft rechneten, forcierte Friedrich seinen Entwurf und zog Erkundigungen bei Landwirten ein. Die Idee lag auf der Hand: Es würden keine guten Zeiten kommen für die Rüstungsindustrie nach dem Krieg, unabhängig von der Frage, ob ein Betrieb wie Daimler-Benz Rüstungsbetrieb hatte werden wollen oder dazu gezwungen worden war. In den USA geisterte die Vorstellung eines nur noch landwirtschaftlich geprägten Nachkriegsdeutschland herum – der so genannte Morgenthau-Plan wurde allerdings nie umgesetzt. Aber er gab Friedrich den Anstoß, seinen Allrad-Mannschaftswagen in einen Ackerschlepper umzurechnen. Man brauchte ein für die Sieger unverfängliches Produkt, das zudem dringend benötigt wurde – eben einen Traktor für die Landwirtschaft. Davon konnte Friedrich unmittelbar nach Kriegsende auch seinen Vorstandsvorsitzenden Dr. Wilhelm Haspel überzeugen. Als dieser aber für knapp zwei Jahre von der amerikanischen Militärregierung abgesetzt wurde – so geschah es in allen Großbetrieben, die Rüstungsgüter produziert hatten –, fehlte Friedrich der mächtige Fürsprecher im Konzern. Die Nachfolger Haspels wollten von einem modernen Ackerschlepper nichts wissen, Friedrich war zudem von einer allgemeinen Entlassungswelle betroffen, nahm seine Unterlagen und suchte sich eine neue Adresse für seinen Ackerschlepper. Er fand sie in der Firma Erhard & Söhne in Schwäbisch-Gmünd.

Zu dieser Zeit war der zweite Vater des Unimog, Heinrich Rößler, schon kurz auf den Plan getreten. Rößler und Friedrich kannten sich aus dem Flugmotorenwerk und trafen sich zufällig wieder – mitten in den Trümmern des Werks Stutt-

Mit Kettenantrieb: Kartoffellegegerät am U 25 im Jahre 1951

gart-Untertürkheim. Der Ingenieur Rößler war ein Tüftler und hatte zudem gerade jetzt persönliche Erfahrungen in der Landwirtschaft gemacht – als Erntearbeiter ließ sich die Hungerzeit nach 1945 gut überstehen. Die vorhandenen Ackerschlepper kannte er genau und wusste, was diese können und was nicht. Das nächste Mal hörte Rößler von Friedrich aus Schwäbisch-Gmünd. Dort hatte die Firma Erhard & Söhne, eigentlich ein Hersteller von Schmuckwaren, im Krieg aber als Zulieferer von Daimler-Benz eingespannt, großes Interesse an einem zweiten Standbein gezeigt. Der besprochene Ackerschlepper sollte gebaut werden, dafür lag sogar eine „production order" der Amerikaner vor, das wichtigste amtliche Dokument in der Unimog-Geschichte. Grundlage des Antrags war der bekannte Mannschaftstransportwagen, nun mit offenem Dach und einem vorgespannten Gerät. Die Arbeit am richtigen Unimog konnte beginnen, Rößler nahm die Stelle des technischen Leiters an und ging im Spätherbst 1945 nach Schwäbisch-Gmünd.

Und das ist dabei heraus gekommen: Frontmotor unter einer steil abfallenden, kantig gestalteten Motorhaube bei sehr einfach gehaltener Kabine mit Stoffdach, starr geführte Portalachsen, Allradantrieb (Vorderachse zuschaltbar, Sperrdifferenziale in beiden Achsen), Leiterrahmen, gleich große Räder, eine in etwa gleichmäßige Verteilung der Kraft auf beide Achsen und die Pritsche zum Transport von Erntearbeitern oder Ladung. Vieles hatte die Arbeit von Rößler mit dem abgewandelten Allradtransporter von Friedrich gemein, große Unterschiede ergaben sich vorrangig in der Gestaltung von Kabine und Ladefläche. Natürlich wurde die Grundidee in den Monaten der Konstruktion ständig verfeinert und ausgeweitet. Das Ergebnis stand schließlich am 7. Oktober 1946 auf den Rädern, die Erprobung konnte beginnen. Immer wieder hatten Landwirte die Arbeiten begleitet – das neue Fahrzeug zielte ganz klar auf den Einsatz in Feld und Flur. Die Eigenschaften im Gelände stellten vom ersten Tag an das große Plus des Unimog dar. Traktoren mit gleich großen Rädern und der günstigen Gewichts- und Kraftverteilung gab es erst in den 1970er-Jahren – so lange war der Unimog stets die ganz spezielle Alternative zum konventionellen Traktor. Der erste Unimog war kein klassischer Ackerschlepper und keine Straßenzugmaschine, er war weder Lkw noch Arbeitsmaschine. Die korrekte Einstufung hatte in jedem Fall Konsequenzen, denn für Straßenzugmaschinen beispielsweise galt eine

■ Heute ein echtes Schätzchen: Restaurierter U 25 mit Ganzstahlfahrerhaus

Alleskönner

Die Straßen-Alternative: U 25 mit Ganzstahlfahrerhaus

Der nächste Schritt: Baureihe 411 in beiden Fahrerhausvarianten

Geschwindigkeitsbegrenzung von 20 km/h, Lastwagen verursachten die höchsten Steuern, Arbeitsmaschinen durften nur einen bestimmten Einsatzzweck erfüllen, Ackerschlepper dagegen waren steuerfrei und wurden im Unterhalt subventioniert. Schließlich hatte die Mannschaft um Friedrich und Rößler heraus gefunden, was die neue Schöpfung tatsächlich war: ein „Universal-Motorgerät". Den Namen als Abkürzung davon erfand Hans Zabel, einer der Konstrukteure im engen Zirkel der Gründerväter.

Im Prototyp lief ein Benzinmotor von Daimler-Benz, das unsynchronisierte Vierganggetriebe stammte von ZF. Beides waren nur Zwischenlösungen. In der späteren Serie verfügte der Unimog über einen ganz neuen Dieselmotor von Daimler-Benz, den Typ OM 636, der 25 PS bei 1697 ccm Hubraum leistete und über ein nicht synchronisiertes Sechsganggetriebe verfügte. Damit waren Geschwindigkeiten zwischen 0,8 und 50 km/h möglich. Die Geräte vorn und hinten trieben Zapfwellen an, die seitliche Riemenscheibe einen Treibriemen. Die PS-Leistung entsprach der vertrauter Traktoren, der Unimog bot aber eine deutlich höhere Transportgeschwindigkeit.

Neben der kleinteiligen Erprobung von Fahrzeug und Geräten (die es natürlich noch nicht passend für den Neuling gab) beschäftigte die Unimog-Gruppe die Frage, wo das Fahrzeug überhaupt gebaut werden konnte. Erhard & Söhne hatte zwar eine eigene Abteilung für das Projekt gegründet („L" wie „Landwirtschaft"), eine Fertigung konnte die Firma aber finanziell nicht stemmen. Das Angebot der Maschinenfabrik Gebr. Boehringer in Göppingen kam deshalb gerade recht, die Abteilung L zog um von Schwäbisch-Gmünd nach Göppingen. Boehringer baute die ersten Unimog, die heute so raren Exemplare ohne Stern, aber mit dem Ochsenkopf als Markenzeichen. Die Rechte an Vermarktung und Konstruktion hatte ab Produktionsstart 1948 die Unimog-Entwicklungsgesellschaft inne, der neben anderen Erhard, Boehringer und Friedrich angehörten.

Der erste Unimog erfuhr gleichermaßen Begeisterung wie Skepsis beim Publikum, viele misstrauten dem völlig Neuen. Immerhin lag im Oktober 1948 die begehrte Einstufung als Ackerschlepper vor. Billig war er mit 13.800 DM nicht gerade. Herkömmliche Traktoren in der gleichen Leistungsklasse kosteten zwischen 8.000 und 9.000 DM. Die Fertigung des Unimog, zumal in einem auf den Fahrzeugbau nicht eingestellten Werk, war aufwändig und hinterließ vermutlich kaum Gewinn in den Kassen von Boehringer. Die nähere Zukunft blieb Ende der 1940er-Jahre unklar, trotz allmählich stabiler Nachfrage.

Nicht allzu weit von Göppingen entfernt, in Stuttgart-Untertürkheim, wirkte bei Daimler-Benz inzwischen der Vorstandsvorsitzende Dr. Haspel wieder am alten Platz und hatte die Idee des neuartigen Ackerschleppers nicht vergessen. Er konnte sich den Unimog gut als Mercedes-Produkt vorstellen und handelte entsprechend. Im Sommer 1950 kam das Angebot an die Unimog-Entwicklungsgesellschaft zur Übernahme der Fertigung, im Herbst schon war alles unter Dach und Fach. Nach den mühevollen, aber letztlich doch erfolgreichen ersten Schritten – exakt 600 Boehringer wurden gebaut – startete der Unimog nun endgültig durch.

Ackerschlepper und Geräteträger: Der „kleine" Unimog

Das adoptierte Kind mit unverkennbaren Abstammungslinien aus der eigenen Familie wurde von der neuen Mutter zunächst weiter geführt wie es war. Allein die Typbezeichnung änderte sich, von Typ 70200 bei Boehringer zu 2010. Die Verkaufsbezeichnung lautet U 25 – die Kombination des Großbuchstabens U mit Ziffern wird von nun an die Entwicklung des Unimog begleiten. Zunächst heißt es im altehrwürdigen Werk Gaggenau, damals auch Fertigungsstätte der schweren Lkw, die Produktion vorzubereiten. Am 1. Juni 1951 ist der erste Unimog von Mercedes – aber noch ohne den Stern – fertig, gut einen Monat später feiert man schon die ersten 100. Eine frühe Weiterentwicklung ermutigt das Werk, nun auch sein Markenzeichen, zunächst zusätzlich zum Ochsenkopf, zu verwenden. Aus der Baureihe 2010 werden 401 und 402, technisch mit dem 2010 weitgehend identisch, aber um einen Typ mit verlängertem Radstand erweitert. Außerdem wird ein Ganzstahlfahrerhaus angeboten, geliefert von der Karosseriefabrik Westfalia.

Der Ur-Unimog hält durch bis 1956 und macht dann leicht verändert weiter als Baureihe 411. Nun gibt es von dem Motor OM 636 neben der bekannten 25-PS-Version weitere vier Varianten bis zu 36 PS und das bisher etwas unbeholfen wirkende Ganzstahlfahrerhaus wird großzügiger gestaltet, unter anderem modernisiert die durchgehende Frontscheibe das Erscheinungsbild wie auch der breite Grill mit dem großen Mercedes-Stern in der Mitte.

Diese Baureihe ist ein wahrer Dauerbrenner und konserviert die Silhouette der ersten Kabine mit Faltdach bis ins Jahr 1974. Nach und nach entfallen die schwächsten Motorvarianten, am Ende steht der 411 nur noch als U 36 in den Verkaufslisten. Dabei verfügte er nur über 34 PS, im Triebkopf allerdings über deren 36. Seit 1958 hält der Unimog Hydraulikzylinder als Antrieb für Arbeitsgeräte vor. Sie lösen die Luftzylinder ab, Zapfwellen sowie Krafheber vorn und hinten bleiben bestehen.

Für den Nachfolger ist schon lange vor der Einstellung des 411 Grund gelegt. Seinerzeit als Zwischenmodell zur schweren Baureihe gestartet, übernimmt der 1966 eingeführte Unimog 421 (U 40 bis U 60 bzw. U 600) ab 1974 die Rolle des Kleinen. Er hat einen etwas größeren, technisch mit dem Vorgänger aber weitgehend identischen Motor. Unverändert verwendet Daimler-Benz Reihenmotoren und das Prinzip des Vorkammer-Diesels, entnommen aus dem Pkw-Programm. Vier Stufen zwischen 40 und 60 PS und 1988 bis 2197 ccm bilden das Motorenangebot. Schon seit 1959 verfügt der

Bewährung im Kommunalen: Baureihe 411 mit Böschungsmäher Mitte der sechziger Jahre

■ Über Stock und Stein:
Unimog der Baureihe 411
beim Holzrücken

■ Wo der Weg endet, ist für den Unimog (hier Baureihe 406) längst nicht Schluss.

Alleskönner

■ Dauerläufer am Start: Der U 421 wurde ab 1966 stolze 22 Jahre gebaut. Hier mit Faltverdeck

■ Neuer kleiner Unimog ab 1988: Baureihe 407, hier mit Häcksler von Dücker

Unimog über ein vollsynchronisiertes Getriebe. Das des 421 hat acht Gänge, auf Wunsch ein Kriechganggetriebe und die Arbeitsgruppe. Alles ist größer und kräftiger ausgelegt.

Das neue Fahrerhaus stammt auf den ersten Blick vom größeren Unimog, der 1962 als Baureihe 406 eingeführt worden war. Tatsächlich hat es nur dasselbe Design bei anderen Abmessungen. Alles am mittleren Typ 421 von 1966 ist größer und kräftiger ausgelegt als am 411. Das zulässige Gesamtgewicht liegt jetzt bei gut vier Tonnen, die Nutzlast bei rund 1300 Kilogramm. Das neue Fahrerhaus ist auch mit Faltdach lieferbar wie der erste Unimog – offenbar ein Zugeständnis an die Landwirte, die eine bessere Sicht auf die Geräte brauchen und vom herkömmlichen Traktor Arbeiten an der frischen Luft gewohnt waren. Eine wichtige technische Neuerung: Das Fahrerhaus ist nun (nach vorn) kippbar, zur Erleichterung der Wartungsarbeiten. Als Geräteträger und Ackerschlepper verdient der Typ 421 seinen Besitzern die Brötchen bis ins Jahr 1988.

Der in jenem Jahr neue Unimog dieser Größe trägt überraschend nicht das moderne Fahrerhaus der großen Serie, das schon 1974 erschienen war. Vielmehr handelt es sich um eine letzte Fortführung des rundlichen Designs, reduziert allerdings auf die Haube. Hauptgrund ist die bessere Sicht auf die Geräte. Längst hat der kommunale Einsatz bei dieser Reihe die größte Bedeutung erlangt. Als Baureihe 407 (U 600/650) überbrückt der Geräteträger die folgenden vier Jahre. Nicht nur die Kabine, leicht abgewandelt und in Breite und Höhe vergrößert, steht in der Tradition der bisherigen Unimog, auch der Motor. Es ist immer noch ein Vorkammer-Diesel, obwohl doch die größeren Unimog zur selben Zeit einen modernen Direkteinspritzer erhalten. Das zulässige Gesamtgewicht einschließlich Geräten beträgt jetzt 5800 Kilogramm. Auch die Baureihe 417 erhält diese im Erscheinungsbild ungewöhnliche Kabine.

Das optische Provisorium hat ein Ende mit den Baureihen 408 und 418. Sie kommen ab 1992 in den Genuss der aktuellen – keineswegs mehr neuen – Kabine. Um die Sicht auf die Geräte anzupassen, ist beim kleineren 408 (U 90 bis U 100) die neu gestaltete Haube auf der linken Seite abgeflacht, Sichtkanal wird diese Partie genannt.

Während der 408 beim Vorkammer-Diesel bleibt, fährt der 418 (U 110 bis U 140) mit Direkteinspritzung und Abgasturbolader. Das bringt ihm 102 PS gegenüber 87 PS des 408. Das Fahrerhaus wirkt zwar vertraut, ist aber völlig neu konstruiert und vor allem unter Sicherheitsaspekten optimiert. Diese Unimog firmieren nun als kleine und mittelgroße Versionen und schaffen den Anschluss an die ganz neuen Geräteträger des Jahres 2000. Interessant ist ein Blick auf die technischen Daten: Allradantrieb, Differenzialsperren in beiden Achsen, Portalachsen mit Radvorgelege, Schraubenfedern und Stoßdämpfer, Leiterrahmen – all das hatte schon der erste Unimog. Vollsynchronisierte Getriebe, jetzt mit acht Vorwärts- und vier Rückwärtsgängen, Zweikreisbremse, Scheibenbremsen, hydraulische Servolenkung, sind Zutaten aus der langen Entwicklungszeit, von der gestiegenen Leistung und Nutzlast ganz abgesehen.

Hochgeländegängige Lkw und große Geräteträger: Der „Alleskönner"

In dreifacher Hinsicht nimmt der Typ „S" eine Sonderstellung ein in der Unimog-Geschichte: Er ist mit 64.242 Einheiten das meist gebaute Fahrzeug, er ist der erste „große" Unimog und er ist der einzige mit einem Benzinmotor. Obwohl dies 1955 noch nicht abzusehen war, bildete die Bau-

Alleskönner

reihe 404 S den Vorläufer zu den großen, geländegängigen Lastwagen der Folgezeit, wenn sich auch die Leistung der Benzinmotoren zwischen 60 und 110 PS gemessen an späteren Exemplaren bescheiden ausmacht. Anlass für den S war die Wiederbewaffnung der Bundesrepublik Deutschland. Die junge Bundeswehr brauchte einen leichten, geländegängigen Transporter für Mensch und Gerät, auch der Katastrophenschutz und die Feuerwehr hatten Bedarf. Auf den Einsatzzweck bezog sich die ungewöhnliche Motorenwahl. Man wollte zügig voran kommen, hoher Benzinverbrauch interessierte in diesem Zusammenhang niemanden. Um bei 21 Litern auf hundert Kilometern trotzdem eine brauchbare Reichweite (570 Kilometer) zu ermöglichen, bekam der S zwei Tanks zu je 60 Litern, die rechts im Rahmen untergebracht waren. Die Sechszylindermotoren bescherten dem 4,4 Tonnen schweren Militär-Unimog eine Höchstgeschwindigkeit von 95 km/h, fast doppelt so hoch wie die des Geräteträgers. Vollsynchronisierte Getriebe gab es hier acht Jahre früher als im kleinen Unimog. Zwei der

■ Das Kuriosum: Als Funmog wurde der U 90 in Kleinserie gebaut, die meisten der rund 20 Stück gingen nach Japan!

■ Modern ist nun auch der kleine Unimog: U 90 ab 1992, hier mit Sichtkanal auf das Gerät, eine Anbaukehrmaschine von Schmidt.

21

■ Nur zur Demonstration: Triebkopf aus der Baureihe 421 und Ruthmann-Hubwagen schleppen einen Polizei-Ford ab

■ Unimog in neuen Qualitäten: S 404 für die Bundeswehr

■ Zwei Prachtexemplare des S 404, die bis heute durchhalten: Tragkraftspritzenfahrzeug (links) und Tanklöschfahrzeug aus dem Landkreis Tirschenreuth

Alleskönner

Bau-Fortschritt: U 416 mit Betonpumpe von Schwing im Jahre 1969

sechs Gänge ließen sich als Geländegänge einsetzen, ein Kriechganggetriebe war hier nicht gefordert. Ansonsten hatte der S dieselben Voraussetzungen für die Fahrt im Gelände wie der 411/412. Beim Radstand von 2900 Millimetern blieb eine Länge der Ladefläche von drei Metern, genug für schätzungsweise bis zu 16 Mitfahrer, die Rücken an Rücken auf einer Holzbank saßen.

Die Kabine hatte gegenüber dem Ganzstahlfahrerhaus des 411/412 ein kantigeres Aussehen und außerdem wahlweise ein Stoffdach. In gewisser Weise holte der Typ S die Ur-Idee von Albert Friedrich vom geländegängigen Transporter nach. In einer zweiten Serie ab 1971 zeigte sich der 404 etwas kräftiger, hatte eine Kriechgangübersetzung und blieb äußerlich nahezu unverändert bis 1980 in der Fertigung.

Zu Beginn der sechziger Jahre verlangt der vielfältig gewordene Einsatz des Unimog nach höherer Leistung. Immer mehr Geräte stehen zum Anbau bereit, außerdem hat sich gezeigt, dass der Unimog auch im Transportwesen eine Zukunft hat. Die Herausforderung neuer Aufgaben nimmt ab 1962 der Typ 406 auf. Sechszylinder-Diesel – zunächst als Vorkammermotor, ab 1964 als Direkteinspritzer – mit Leistungen bis zu 110 PS am Schluss prägen die Bauzeit. Die Reihe bleibt bis 1988 im Programm, als 417 im Prinzip sogar bis

1992 – dann längst zum „kleinen" Unimog geworden, nachdem darüber eine weitere Baureihe platziert und der Ur-Unimog weggefallen ist. Die neuen Motoren und das zulässige Gesamtgewicht von sechs Tonnen eröffnen neue Wege. Der Radstand von 2380 Millimeter ist um 260 Millimeter länger als der größere Radstand des 411, er ist mit zwei Metern gegenüber den 1630 Millimetern des kleinen Bruders erheblich breiter und hat ein ganz neues Fahrerhaus. Elemente des 404 S und der Ganzstahlkabine des 411 finden sich hier wieder,

Das ab 1962 gültige, neue Unimog-Design, hier die Baureihe 403 (1966)

■ Bewährung in tiefem Geläuf: Unimog S und Baureihe 421 auf der Baustelle

Alleskönner

■ Gemacht auch für schwere Lasten: die neue Generation ab 1974, hier Baureihe 425

vor allem die Ganzstahlausführung wirkt in ihrer klaren Gliederung, den großen Türen, der großen Frontscheibe und der leicht gerundeten Haube stattlich und modern. Auch diesen Unimog gibt es wahlweise mit Faltdach.

Die Baureihe 416 aus dem Jahre 1965 erweitert das Programm noch weiter nach oben, die Fahrzeuge haben einen größeren Radstand (2900, wahlweise 3400 Millimeter) und eine etwas höhere Motorleistung (bis zu 125 PS). So rollt der große Unimog bis in siebziger Jahre, die Reihe 416 bekommt erst 1988 ihren Nachfolger in Form des U 900 (Baureihe 417), im da schon antiquiert wirkenden Kabinendesign.

Hochmodern im Erscheinungsbild und mit einer kräftigen Leistungssteigerung läuten die Fahrzeuge der Baureihen 425 und 435 im Jahre 1974 ganz neue Unimog-Zeiten ein. Das große, kantige Fahrerhaus, die großen Räder, die Leistungen des Sechszylinder-Reihenmotoren bis zu 170 PS – Direkteinspritzung und ab 1979 Abgasturbolader machen es möglich –, das war nun der zeitgemäße, starke Alleskönner, der Inbegriff des Unimog. Die schweren Fahrzeuge – in den Verkaufslisten in der Bandbreite zwischen U 1000 und U 2450 bezeichnet – sind als Kurzhauber ausgelegt, die Kabine bietet in Länge und Breite (Fahrzeugbreite 2300 statt 2150 Millimeter bei den kleineren Unimog) mehr Platz, die wuchtige Stoßstange mit den integrierten Breitbandscheinwerfern

Wegebau mit dem U 1000, vorn ein Plattenverdichter von Trenkle

Der Kleinste der Großen: U 900, hier im Dienst der Trinkwasserversorgung mit Rapsöl im Tank und Bio-Öl in den Hydraulikanlagen

■ Dosierte Kraft:
Großer Unimog in der
Landschaftspflege

Alleskönner

■ Schwerarbeiter: U 1250 L aus der Baureihe 427 mit Doppelkabine und Hiab-Ladekran beim Pumpenwechsel im Braunkohletagebau

■ Mit 240 PS in den Schnee: U 2400 TG aus der Baureihe 437 mit Schmidt-Ausstattung, im Jahre 1999

und der breite schwarze Kühlergrill flößen jedem Betrachter Respekt ein. Eine Entlüftungsklappe im Dach sorgt für frische Luft, mehr lässt sich in Zeiten vor der Klimaanlage im Nutzfahrzeug für die Besatzung nicht machen. Querlenker und ein Schubrohr verstärken das mit dem Ur-Unimog immer noch eng verwandte Fahrgestell. Von den kleineren Typen unterscheidet die Großen unter anderem die Bodenfreiheit – 440 statt 415 Millimeter. Das Achtgang-Getriebe ließ Rückwärtsfahren in jeder Gangstufe zu.

Das zulässige Gesamtgewicht überschreitet die 10-Tonnen-Grenze – alles Merkmale, die die diese Fahrzeuge für besondere Leistungen und spezielle Einsatzgebiete prädestinieren. Die militärische Version mit langer Pritsche aus der Baureihe 435 ergänzt ab 1976 das Programm. 1983 folgte als Neuheit die Doppelkabine, 1993 kommt der Schwerlastgeräteträger aus der Baureihe 437 (U 2400 TG), die Top-Motorisierung ist bei 240 PS angekommen. Mitte der 1990er-Jahre erfährt diese Baureihe eine leichte optische Retusche beim Kühlergrill. Ursprünglich als Schutz gegen Staub bei landwirtschaftlichen Einsätzen gedacht („Maisschnauze"), gefiel sie auch anderen Kundenkreisen und wurde auf Wunsch verwendet.

Fahrzeuge für die Wüstenrallye Paris-Dakar sorgen für Furore, Unimog als Rangierloks oder bei der Waldbrandbekämpfung ergeben spektakuläre Bilder, ebenso Einsätze

Schmuckstück: U 1000 aus der Baureihe 424 als Tanklöschfahrzeug für die Schweiz mit Aufbau von Brändle

in extremen Hanglagen oder auf empfindlichen Böden – die Legende Unimog haben die schweren Typen ab 1974 – insbesondere von 1988 bis 2000 – zwar nicht begründet, in prägnanten Punkten aber weiter geschrieben.

Analog zur wachsenden Typenvielfalt entwickelten sich die Produktionszahlen 30 Jahre lang sehr positiv, bis jene Probleme in den 1990er-Jahren auftraten, die das ganze Projekt Unimog gefährdeten. 25.000 Unimog insgesamt waren es im Jahre 1957, schon 1961 stand die Marke 50.000 an und nur fünf Jahre später die magischen 100.000. 1971 feierte man den 150.000. Unimog, 1977 die laufende Nummer 200.000. Die Abstände zwischen den Jubiläen wurden nun größer, der 250.000. war 1984 dran, der 300.000 dann erst zehn Jahre später. Bleibt zu hoffen, dass diese runde Zahl nicht die Letzte war, die es zu feiern galt.

Aushängeschild: Die Werkfeuerwehr in Gaggenau braucht natürlich einen Unimog, hier mit „Maisschnauze". (U 2400 TG, Aufbau Zikun, Baujahr 1998)

Kapitel 2

Neu aufgestellt:
Geräteträger und Extremfahrzeug

■ Brandeilig: Der neue schwere Unimog mit Feuerwehraufbau

Modern, kraftvoll, einsatzbereit: Der neue Geräteträger zur Premiere im Jahre 2000

Diese Premiere fiel aus dem Rahmen des Üblichen. Nicht allein deshalb, weil bei Nutzfahrzeugen, insbesondere bei Spezialfahrzeugen, völlig neue Modellreihen in weit größeren Zyklen ins Rampenlicht treten als Personenwagen, fand am 13. März 2000 die Pressepräsentation der Unimog-Baureihen U 300, U 400 und U 500 so starke Beachtung. Vielmehr machten die Hintergründe den Geburtstag des neuen Unimog ungewöhnlich interessant. Die versammelte Journalistenschar hatte natürlich Kenntnis von dem Kampf der Unimog-Leute und maßgeblicher Nutzfahrzeugmanager im Konzern DaimlerChrysler gegen die Bestrebungen, die Unimog-Sparte aus dem Programm zu kippen. Dazu war es nun also nicht gekommen, ganz im Gegenteil, es hörte sich nun so an: „Zum ersten Mal hat es der Unimog bis in die Konzernzentrale geschafft", stellte Dr. Klaus Maier, Leiter des Geschäftsbereiches Mercedes-Benz Lkw im Hause DaimlerChrysler, beziehungsreich fest.

Was war geschehen in der jüngeren Vergangenheit? Eigentlich etwas sehr Erfreuliches, nämlich die weit um sich greifende Abrüstung als Folge der Beendigung des Ost-West-Konfliktes. Nur wer mit Rüstungsgütern zu tun hatte – und dazu gehören im weiteren Sinne nun einmal geländegängige Transportfahrzeuge – war (unabhängig von der persönlichen Einstellung zu den Weltereignissen) negativ betroffen. In Zahlen hieß das für den Unimog: Die Produktion war von 4200 Einheiten im Jahre 1990 auf 2200

Extremfahrzeug

im Jahre 1999 gesunken, nicht nur wegen ausbleibender Militäraufträge, aber überwiegend deshalb. Es ist kein Wunder, dass bei nahezu halbierter Produktion die Rentabilität zu wünschen übrig ließ. Höhere Stückzahlen würde es auch in Zukunft nicht geben, das ließ (zur allgemeinen Erleichterung) die politische Großwetterlage nicht erwarten und auch andere Absatzgebiete wie zum Beispiel der kommunale Sektor würden wegen der schwierigen finanziellen Lage langfristig weniger Fahrzeuge aufnehmen. Die berühmte Frage des Sein oder Nichtsein ließ sich hier auch so formulieren: Alles weg oder alles neu?

Die Nutzfahrzeugfraktion im Vorstand von Daimler-Chrysler setzte sich durch und machte alles neu, fußend auf bewährten Elementen. Das Ergebnis: U 300, U 400 und U 500. Die drei Premierenstars im März 2000 – genau genommen folgte der U 500 erst zur IAA im September desselben Jahres – verkörperten die neue Strategie des Unternehmensbereiches Unimog: Sie waren reinrassige, leistungsfähige und vielseitige Geräteträger, aber nicht prädestiniert für Extremeinsätze in der Wüste, bei der Waldbrandbekämpfung und eben auch beim Militär. Diese Rolle fiel der erneuerten schweren Baureihe U 3000, U 4000 und U 5000 zu, die im November 2002 der Öffentlichkeit vorgestellt wurde und zur Unterscheidung zum Geräteträger die „hochmobilen Unimog" getauft wurden. Diese wiederum sind allerdings keine Geräteträger.

Abspecken der technischen Finessen für Hochgeländegängigkeit, etwa beim Chassis, dafür aber höhere Nutzlast, vereinfachte Nutzung der Anbaugeräte, stark verbesserte Bedingungen für den Fahrer und auf der Kostenseite Integration der Unimog-Komponenten in die Teilefertigung der mittleren und schweren Lkw von Mercedes-Benz, das alles unterscheidet die neuen Unimog von den Vorgängern. Letztlich fand diese Entwicklung ihren Abschluss mit der Verlagerung der Fertigung vom Traditionswerk Gaggenau in das große Lkw-Montagewerk Wörth im August 2002. Dort firmiert jetzt der Produktbereich Unimog/Sonderfahrzeuge – Unimog und das Spezialfahrgestell Econic entstehen auf dem selben Band. Den Umzug organisierte als seine letzte große berufliche Aufgabe ein Mann, der sich über zwölf Jahre als Direktor des Produktionsbereiches mit dem Unimog identifiziert hatte wie wohl kein anderer Manager in der ganzen Nutzfahrzeugbranche mit irgendeinem Fahrzeug: Hans-Jürgen Wischof.

Die Geräte immer im Blick hatten die Entwickler vom ersten Tag an, ob nun vorn, hinten oder in der Mitte angebracht, auf der Pritsche oder hinter der Kabine. Ziel ist der konsequente Ganzjahreseinsatz des Unimog. Zu unveränderten (hohen) Preisen sollte der Nutzer ein durch bessere Wechselmöglichkeiten der Geräte viel rationeller

■ Seitenansicht: Kurzer Überhang vorn, moderne Kabine und relativ große Ladefläche

37

Extremfahrzeug

einsetzbares Fahrzeug erhalten. Mit keinem Argument hatten die Unimog-Verkäufer stets so sehr zu kämpfen wie mit der Feststellung von langjährigen Kunden, dass ihr Unimog seinen enormen Fähigkeiten gemäß nur sehr selten eingesetzt werden kann. Die neue Leistungshydraulik namens VarioPower ist nicht nur kräftiger als die bisherige (und weiter angebotene), sie ersetzt auch die geräteseitigen Zapfwellen im direkten Geräteantrieb und macht Hydraulikpumpen und separate Motoren in den Geräten überflüssig. Erstmals gab es eine enge Zusammenarbeit mit wichtigen Geräteherstellern schon in der Entwicklungszeit, eine Zusammenarbeit, die dann in der epochalen Systempartnerschaft mündete. Dieser Unimog ist mehr als jeder seiner berühmten Vorgänger im Wortsinn ein Geräteträger, von der ersten bis zur letzten Schraube, vom ersten Gedanken bis zum Marketing. Vornehmlich geht es dabei um den kommunalen Dienst mit allen Nebengebieten, aber auch um die Bauwirtschaft und immer noch um die Landwirtschaft. Transportieren lässt sich mit ihm auch; die verbesserte Nutzlast, größere Pritsche und moderne Kraftübertragung sowie unverändert kompakte Außenmaße garantieren dafür.

Was derartig neu ist, muss auch neu aussehen. Auf den ersten Blick signalisiert die Kabine mit ihrer großen, gewölbten Frontscheibe, der steil abfallenden Motorhaube und den breiten Blinklichtern, dass der Unimog ein hochmodernes Fahrzeug ist. Die Blinkleuchten sind fast so groß wie die Breitbandscheinwerfer in den wuchtigen Stoßfängern darunter. Zwischen beiden Lampeneinheiten sitzen die Hydraulikanschlüsse, in der Mitte zeigt sich die Zapfwelle, umfasst von einem Bügel, der um den ganzen Stoßfänger gezogen ist. Eine so gute Sicht auf die Front-

■ Ein Silberpfeil der anderen Art: U 400 in schneller Fahrt

Der Clou im komfortablen Fahrerhaus: die Wechsellenkung Vario-Pilot

geräte hatte noch kein Unimog-Fahrer, dazu ist die Haube in ihrer mittleren Wölbung ausgesprochen elegant geformt. Die Seitenfenster reichen im vorderen Teil tief hinunter zur besseren Sicht auf Gerät und Straßenraum, ein flott gezeichneter Bogen über dem Türgriff und die in Höhe der Motorhaube ansetzende Sicke machen auch die Seitenansicht interessant. Sogar das Heckfenster ist großzügig ausgefallen – die Kabine des U 300, U 400 und U 500 spricht eine deutliche Sprache: Dieser Geräteträger ist modern, kräftig und zu jeder Arbeit bereit.

Platz, Sicht und Komfort

Augenfälligster Fortschritt gegenüber der 26 Jahre alten Kabine des Vorgängers ist die hervorragende Sicht nach allen Seiten – auch am oberen Rand der Windschutzscheibe. Die Besatzung profitiert von einer stattlichen Kopffreiheit, die lichte Höhe in der Kabine beträgt 1400 Millimeter. Auch für die Füße ist mehr Platz, weil der Motor nicht mehr so hoch in die Kabine ragt. 2150 Millimeter hat die Kabine in den Außenabmessungen, wobei jeder der drei Typen in einer eigenen Spurbreite rollt. Der Einstieg erfolgt über drei bequeme Trittstufen hinter dem Radlauf – eine Stufe mehr als beim Vorgänger. Insgesamt ist die Kabine um 50 Prozent größer als die alte – und trotzdem nicht schwerer! Faserverbundwerkstoffe aus dem Flugzeugbau haben es möglich gemacht. Gebaut wird die Kabine im Werk Molsheim in Frankreich, dem Standort für Spezialentwicklungen innerhalb des Konzerns. Obwohl wie bei einer Stahlkarosserie als tragende Struktur angelegt, ist der neue Werkstoff leichter, bei gleicher Festigkeit, Steifigkeit und Sicherheit. Natürlich kann eine solche Kabine nicht rosten und auch bei der Schall- und Wärmedämmung hat sie Vorteile. Der Fahrer sitzt in der gefedert und gedämpft gelagerten Kabine in einem schwingungsreduzierten Bereich. Ein Top-Sitz aus dem Lkw mit vielfacher Verstellmöglichkeit in Höhe, Neigung und Länge sowie in die Rückenlehne integriertem Gurt – auf Wunsch inklusive Sitzheizung und Armlehne – ist der Kernpunkt des neuen Komfortstandards in den Geräteträgern. Rechts sind Doppelsitzbank oder Einzelsitz

Extremfahrzeug

■ Vielseitig nutzbar und strapazierfähig: Antriebs- und Fahrwerkskonzept des Geräteträgers ...

■ ... und der Rahmen mit Antriebsstrang und Leistungshydraulik VarioPower

lieferbar. Die drei Plätze in der Lkw-artigen Kabine verschaffen dem Unimog einen Vorteil gegenüber den großen Systemtraktoren vom Schlage eines Fendt Xylon, die zu dieser Zeit bereits relativ häufig im kommunalen Einsatz stehen. Heizung, Lüftung und Klimaanlage des Unimog arbeiten wie im Truck auf der Straße, auch die systematische Anordnung von Staufächern und Ablagen ist vom Einsatz auf großer Tour abgeschaut – und all das verbilligt die Herstellung durch Verwendung von Gleichteilen innerhalb des Konzernverbundes. Alle Fahrzeugfunktionen sind in der hinter dem Lenkrad zentral platzierten Instrumententafel zusammen gefasst: Tachometer, Drehzahlmesser, Betriebsdruck- und Temperaturanzeige, Tankfüllstand und Zapfwellen-Drehzahlanzeige, ebenso ein Display zum Anzeigen wichtiger Fahrtinformationen einschließlich Fehlerdiagnose. In der Mittelkonsole liegen die Bedienelemente für den Antrieb und für die Geräte.

Ein Clou der Baureihe steckt in der VarioPilot genannten Wechsellenkung. Sie feiert im U 300 bis U 500 zwar nicht ihre Weltpremiere – der 1996 eingeführte und 2001 wieder abgegebene Schmalspur-Unimog UX 100 hatte sie bereits, davor war sie einem Prototyp der selben Größe aus dem Traktorenwerk Schönebeck zu sehen gewesen –, sie ist aber hier erstmals in Fahrzeugen dieser Größe verwirklicht. Über eine Schiene lassen sich Lenkrad und Pedalanlage nach Lösen der Arretierungen von der einen auf die andere Seite schieben. Kehren oder Mähen, auch exaktes Fahren mit dem Schneepflug am rechten Straßenrand sind dadurch vereinfacht.

Der Fluss der Kräfte

Nichts ist so wichtig bei einem geländegängigen Geräteträger wie die Übertragung der Kraft – und zwar an die Räder wie an die Geräte. Das dazu nötige Netzwerk wurde für den U 300 bis U 500 gehörig aufgewertet. Das Getriebe hat acht Vorwärts- und acht Rückwärtsgänge, die nun elektropneumatisch (EPS) – also ohne Schaltgestänge – geschaltet werden. Durch Untersetzungen für Kriechgang und für Arbeitsgänge verdreifachen sich die Gänge, eigentlich handelt es sich um ein 24/24-Getriebe, das Fahrgeschwindigkeiten ermöglicht zwischen 0,1 und 80 km/h. Der schöne Kunstbegriff Telligent-Schaltung, 1996 von Mercedes-Benz im großen Lkw Actros eingeführt, hat von nun an auch für den Unimog Gültigkeit. Die Schaltung arbeitet auf zwei Arten: Die Elektronik macht dem Fahrer einen Gangvorschlag, zu lesen auf dem Display, der Fahrer bestätigt diesen, indem er die Kupplung tritt. Oder der Fahrer schaltet nach eigener Entscheidung durch kurzes Antippen des kleinen Schalthebels. Durch schnelles Wechseln der Richtung

Mit Hochdruck sauber:
Unimog mit Kehraufbau
von Bucher-Schörling

kann der Fahrer den Unimog aus einem Loch heraus schaukeln. Auf Wunsch ist hydrostatischer Antrieb lieferbar. Hierbei werden die Räder direkt über Öldruck in Bewegung gesetzt, die Temporegulierung ist noch feiner. Von 0 bis 25 km/h arbeitet der Hydrostat, darüber übernimmt Telligent das Kommando. Hydrostatischer Antrieb wird vor allem für Arbeiten mit höchster Leistung und niedrigem Tempo benötigt, zum Beispiel mit Hochdruck-Kehraggregaten.

Mit dem U 300 bis U 500 hat der Unimog auch permanenten Allradantrieb. In der Längsrichtung lässt sich der Kraftfluss unterbrechen, wenn die Situation es erfordert. An der Hinterachse – die Achsen sind unverändert nach unten viel Raum gebende Portalachsen – ist das Sperrdifferenzial serienmäßig, vorn auf Wunsch lieferbar. Bei eingeschalteten Sperren kann jedes Rad für sich seine Wirkung ausüben. Alle Sperren sind während der Fahrt einzeln zu- und abschaltbar. Für schwerste Lasten wird der Unimog mit einer Wandlerschaltkupplung versehen, eine Art Schaltautomatik als Anfahrhilfe. Der Drehmomentwandler gleicht stufenlos die Motordrehzahl an die Drehzahl der Antriebswelle an, bei einem Überschuss an Motordrehzahl setzt sich das Fahrzeug stufenlos in Bewegung. Per Zapfwelle können auch Geräte auf diese Weise angetrieben werden.

Im September 2003 führte Mercedes-Benz als nächsten Schritt in der Kraftübertragung die automatisierte Schaltung ein – eine Premiere im Unimog. Die AutomaticShift

Extremfahrzeug

Neue Kehrkraft: Der Aufbau von Faun kommt jetzt ohne eigenen Motor aus.

genannte Technik gibt es für U 400 und U 500 sowie für alle hochgeländegängigen Fahrgestelle aus der Baureihe U 3000 – U 5000 (siehe unten). Schalten ohne Kupplungspedal, damit ist der Fortschritt auf einen Nenner zu bringen. Zudem wirkt sich AutomaticShift günstig auf die Belastung des Triebstrangs, die Lebensdauer der Kupplung sowie die Betriebskosten bei Wartung und Kraftstoffverbrauch aus, da der Kupplungsverschleiß auf das absolute Minimum reduziert wird und die Elektronik in den jeweils günstigsten Drehzahlbereich schaltet.

Das über einen CAN-BUS gesteuerte AutomaticShift-System automatisiert alle Kupplungsvorgänge und steuert selbsttätig das Einkuppeln beim Anfahren, das Auskuppeln beim Anhalten und das Schalten und Einkuppeln beim Gangwechsel. Der Fahrer kann sich voll und ganz auf das Fahren konzentrieren, seine Hände bleiben während der Arbeit am Lenkrad. Er kann dabei aber jederzeit zwischen automatisierten und manuellen Schaltvorgängen wählen. Mit AutomaticShift betätigt der Fahrer nur noch zwei Pedale – das Fahr- und das Bremspedal. Die Motordrehzahl wird beim Anfahren elektronisch im Leerlauf bei ca. 700/min gehalten; erst nach erfolgtem Kraftschluss werden Drehmoment und Drehzahl automatisch der Stellung des Fahrpedals angepasst. Ist Höchstleistung in Sachen Motordrehzahl gefragt, steht die Kick-Down-Funktion zur Verfügung.

In diesem Automatik-Modus wird in Abhängigkeit vom jeweiligen Lastzustand, dem Betriebszustand des Motors, der Fahrpedal-Stellung sowie den ermittelten Daten zu „Steigung/Gefälle" und „Motorbremse ein-/ausgeschaltet" automatisch die Wahl des richtigen Ganges getroffen. Dann laufen die entsprechenden Schaltvorgänge ab. Kuppeln durch den Fahrer beim Anfahren, Anhalten, Rangieren und bei schnellen Gangwechseln entfällt und somit auch jede Fehlbedienung. In Verbindung mit der serienmäßigen Wendeschaltung EQR (Electronic Quick Reverse) ist ein schnelles und bequemes Vorwärts-Rückwärts-Rangieren möglich, da zum Umschalten nicht angehalten werden muss: Nach der Aktivierung von EQR und der Richtungs-Vorwahl über eine Schaltwippe erfolgt automatisch die Umschaltung bei Fahrgeschwindigkeiten unter 6 km/h. Im Gerätebetrieb kann bei konstanter Motordrehzahl mit AutomaticShift dennoch jederzeit geschaltet werden.

Im manuellen Modus erfolgt die Gangwahl wie gewohnt über den Schaltknauf der EPS-Schaltung: Der Fahrer wählt den Gang, die Bestätigung der Gangwahl und der Kupplungsvorgang selbst erfolgen dann von selbst. Auch im automatisierten Modus kann jederzeit manuell eingegriffen werden. Betätigt der Fahrer den Schalter für die Arbeitsdrehzahl-Regelung, wird automatisch der manuelle Modus eingelegt, ebenso beim Einsatz von Zapfwelle und Arbeits- bzw. Kriechganggruppe.

Ganz abgeschafft ist das Kupplungspedal auch bei AutomaticShift nicht: Im Fußraum befindet sich auf der linken Seite ein klapp- und entriegelbares Pedal, vorgesehen für die Einsatzfälle, in denen der Fahrer die Kupplung bewusst trennen oder schließen will – zum Beispiel bei steilen Bergauffahrten oder beim Ankuppeln von Geräten am Hang. Weniger spektakulär als die Kraftübertragung zeigen sich die Motoren. Die Reihenvierzylinder (U 300 und wahlweise U 400) mit 150 PS bei 4,25 Litern Hubraum und Reihensechszylinder für den U 500 und wahlweise den U 400 (230 bzw. 280 PS bei 6,37 Litern Hubraum) stammen aus dem gut bestückten Regal des Konzerns und erfüllten zur Premiere im Jahre 2000 die damals gültigen Euro-3-Abgasvorschriften.

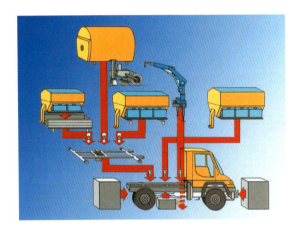

Gerätesystem: Auf- und Anbaugeräte mit und ohne Rahmen für Wechselaufbauten

Dem Schnee keine Chance: U 500 mit Fräse und Streuer von Schmidt

■ Schwertransport auf schlechten Wegen: Der Unimog bringt den Bagger.

Extremfahrzeug

■ Das Arbeitsinsekt:
Triomäher von Dücker

System-Partnerschaft

Die neuartige Partnerschaft zwischen einzelnen Geräteherstellern einerseits und DaimlerChrysler andererseits war eine der Grundvoraussetzungen für die Neuauflage des Unimog, getragen von dem Gedanken, den technischen Aufwand des Gesamtfahrzeuges zu minimieren und dabei den Einsatz durch das ganze Jahr hindurch rationell und flexibel zu gestalten.

Im Rahmen der Unimog-Geräte-System-Partnerschaft sind in der fahrzeug- wie auch in der geräteseitigen Entwicklungsphase sämtliche An- und Aufbaupunkte, Antriebe und Steuerungen für Geräte in Form standardisierter mechanischer, elektrischer, elektronischer, hydraulischer und pneumatischer Schnittstellen definiert worden, neue Geräte sind bereits darauf abgestimmt. Weniger Aufwand in der Fertigung sowohl beim Gerätehersteller wie bei DaimlerChrysler sollen den Anschaffungspreis des Gesamtpaketes überschaubar halten. Im Ergebnis war bei der Premiere 2000 die Kombination Unimog/Gerät gegenüber der früheren Konstellation bei insgesamt besserer Leistung nicht teurer geworden. Europaweit arbeitet der Produktbereich Unimog der DaimlerChrysler AG derzeit mit 15 Geräte-System-Partnern zusammen.

Extremfahrzeug

Das Bemühen, den Aufwand mit den Aufbauten drastisch zu reduzieren, sind bereits in die Entwicklung des Fahrgestells eingeflossen. Der Rahmen hat nicht nur sehr verwindungsfähig und gleichzeitig sehr biegesteif zu sein – dies erfahren die Ingenieure mit Computersimulationen und auf dem Verwindungsprüfstand –, sondern auch die Schub- und Zugkräfte des Gesamtfahrzeuges aufzunehmen. Also auch die Kräfte, die von den Geräten, insbesondere den vorn montierten, ausgehen. Dafür steht ein Integralträger am vorderen Rahmenende zur Verfügung, er nimmt die Kräfte direkt von der Anbauplatte auf, ebenso stützt er die Belastung für die Vorderachse ab.

Die Anbauräume für die Geräte entsprechen guter Unimog-Tradition: Front, Heck, Pritsche oder Chassis sowie zwischen den Achsen. Neu ist die Vielzahl der vorinstallierten mechanischen, hydraulischen und elektrischen Schnittstellen, entwickelt mit den neuen Systempartnern aus der Geräteindustrie (siehe Kasten). In den Geräten finden sich die Entsprechungen der Schnittstellen. Die vom Motor angetriebene Frontzapfwelle arbeitet im Drehzahlbereich zwischen 500 und 1100 /min, stufenlos und unter Last steuerbar. Bei hydrostatischem Antrieb gibt es auch eine Heckzapfwelle. Acht weitere Anschlüsse werden von der Arbeitshydraulik versorgt, nun noch getoppt durch die neue Leistungshydraulik namens VarioPower. Maximal zwei zusätzliche Kreise bietet sie, was weit höhere Leistung in die Geräte bringt und ermöglicht, vom Fahrzeug aus die Hydromotoren der Geräte anzutreiben. Bis dahin benötigten sehr leistungsstarke Geräte einen eigenen Antrieb, weil die Arbeitshydraulik des Trägerfahrzeuges zu schwach war. Bedient wird VarioPower über Joystick – eine erhebliche Erleichterung für den Anwender. Maximal 280 bar Druck empfangen die Geräte. Der neue Unimog als Geräteträger war in der Tat in neue Dimensionen vorgestoßen.

Sauberer Randstreifen: Randstreifenmäher von Dücker

Freie Bahn: Der Unimog mit Schmidt-Bestückung pflügt flott durch den Schnee.

Gerätehersteller in Systempartnerschaft

Einsatzfeld	Hersteller (Geltungsbereich)
Kehren	Bucher-Schörling (D, B, CH, F, GUS, I, TR)
	Faun (D, B, CZ, F)
Kranarbeiten/ Seilwinden	Partek (D, B, CH, F)
	Werner (D)
Mähen	Dücker (D, F)
	Mulag (D, A, CH, CZ, F, PL)
	Noremat (F)
Reinigen	Leistikow (D, B)
Straßenunterhaltung	Söder (D)
Winterdienst	Assaloni (B, F, I)
	Giletta (B, F, I)
	Gmeiner (D)
	Schmidt (D)
Zweiwegeeinsatz	Zweiweg (D, A, B, GB)
	Zwiehoff/Zagro (D, A, CZ)

Extremfahrzeug

■ Kraft und Last an der Vorderachse: Vorbaukehrbesen von Schmidt am U 400

■ Der Unimog zieht bis zu 1000 Tonnen – das sind maximal 20 Güterwagen!

Extremfahrzeug

Isobus im Unimog

Eine einzige Bedieneinheit für alle Geräte – das wäre zehn Jahre zuvor noch als reine Utopie behandelt worden. Die Elektronik aber hat es möglich gemacht. Isobus nennt sich das im Mai 2002 vorgestellte, neue, weltweit standardisierte System zur Optimierung der Gerätebedienung, der Gerätesteuerung und des Antriebs von An- und/oder Aufbaugeräten. Der Unimog-Geräteträger kommuniziert dabei nur noch über das Bedien-Terminal in der Mittelkonsole der Fahrerkabine mit den montierten Geräten. Es ersetzt die bis dahin für jedes Gerät separat erforderlichen Bedienpulte.

Ist der Isobus über eine ISO-CAN-Steckdose in der Fahrerkabine installiert und der geräteseitige „Jobrechner" vom Geräte-System-Partner mit den Daten der An- und Aufbaugeräte programmiert, findet ab diesem Zeitpunkt automatisch ein Datenaustausch und Datenabgleich zwischen Fahrzeug und Geräten statt. Die schon früher realisierte fahrzeuginterne CAN-Bus-Vernetzung der einzelnen Sensoren an Motor, Getriebe, Hydraulik oder der Leistungshydraulik VarioPower wird damit um die Kommunikation zwischen Fahrzeug und Geräten erweitert.

Bedient und gesteuert werden die Geräte über ein Terminal oder über einen Hydraulik-Joystick. Auf diesem Joystick sind zusätzliche Hydrauliktaster integriert, die flexibel belegt und für die Steuerung unterschiedlicher Geräte eingesetzt werden. Dabei kann der Fahrer stets direkt eingreifen und am Bedien-Terminal beispielsweise bei Winterdienst-Kombinationen die erforderliche Streubreite und Streumenge je nach Bedarf neu eingeben, in Kombination mit einem anderen Gerät auf dem selben Wege dessen spezielle Daten verwenden. Das Isobus-System stellt nicht nur das Gerät ein, sondern verändert anhand der aktuellen Eingaben selbsttätig die dadurch geforderten fahrzeugseitigen Konfigurationen, zum Beispiel hydraulische Fördermengen.

In der Tradition

Es gibt Leute, für die fängt der Unimog erst dort an, wo es richtig ins Gelände geht: Wüstendurchquerung, Manöver, Waldbrandbekämpfung, Einsatz in Braunkohlegebieten oder Querfeldein-Routen auf Island und was sonst noch alles an Herausforderungen vorstellbar ist. Das war ja auch der Grund für die mangelnde Auslastung solcher Fahrzeuge bei einer Straßenmeisterei und der Ursprung für die Idee der Geräteträger U 300 bis U 500. Die neue Strategie zu Ende gebracht hatte DaimlerChrysler mit der Vorstellung der Baureihe der hochmobilen Unimog U 3000, U 4000 und U 5000 im September 2002 zur IAA.

▇ **Blitzeinsatz:** Unimog U 4000 mit Feuerwehraufbau von Rosenbauer

▇ **Voller Energie:** Dieser U 500 trägt eine Hubarbeitsbühne von Versalift und dient – isoliert bis zu einer Spannung von 69.000 Volt – bei der Stromversorgung in Bayern.

Extremfahrzeug

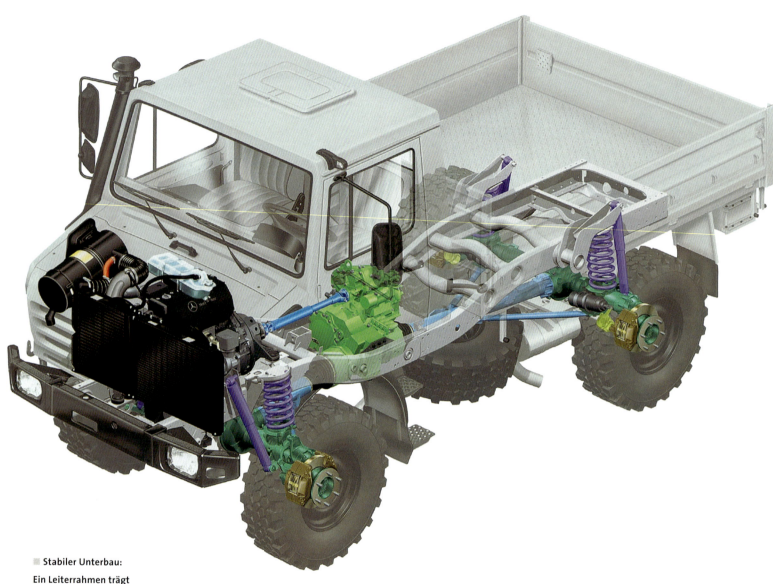

■ Stabiler Unterbau: Ein Leiterrahmen trägt die Last der U 3000 bis U 5000.

Kein völlig neues Auto kam hier ans Licht der Öffentlichkeit, sondern die konsequente Weiterentwicklung der vertrauten Unimog-Idee. Hier ist das Einsatzfeld, das Hochleistung in jeder Beziehung rechtfertigt, hier gab es nichts neu zu disponieren. Anders gesagt: An den hochmobilen (eine interessante Wortschöpfung der Marketing-Leute von Unimog) Alleskönnern lässt sich ablesen, was den Geräteträgern abgeht, ohne dass es ihnen wirklich fehlt. Die größten Unterschiede liegen im Fahrwerk und im Einsatzgewicht. U 3000 bis U 5000 haben den klassischen Leiterrahmen mit zwei Längsträgern im U-Profil und geschweißten Querträgern. Beim U 300 bis U 500 sind die Querträger geschraubt, das Chassis ist leichter – zwar robust, aber weniger verwindungsfähig. Die Längsträger der hochmobilen Fahrzeuge sind für die Aufnahme der Getriebeeinheit in Höhe des Übergangs von Fahrerhaus zur Pritsche nach unten gekröpft. Statt Längslenker wie der kleinere Unimog hat der große Querlenker in Verbindung mit einem Schubrohr. Dieses längs verlaufende Schubrohr verbindet die beiden Achsen jeweils mit dem Getriebegehäuse und nimmt zudem die Antriebswellen auf, damit sie vor Beschädigungen geschützt sind. Zu der Konstruktion gehören Schraubenfedern mit langen Federwegen und die Stoßdämpfer. Das Ergebnis: Achsverschränkung

Extremfahrzeug

■ Durch dick und dünn: Der Antriebsstrang schafft alle Wege.

■ Großzügig in Gestaltung und Raum: Das Cockpit der neuen schweren Reihe. Unten die Bedienung der Telligent-Schaltung.

51

Extremfahrzeug

Mitfahrgelegenheit: Die geräumige Doppelkabine des großen Unimog.

Keine Probleme: Die Verwindungsfähigkeit ist enorm.

bis 30 Grad. Die Achsen sind wie im Geräteträger als Portalachsen ausgebildet. Serienmäßig schafft der große Unimog bei Wasserdurchfahrten Wattiefen von 800 Millimetern, die auf Sonderwunsch lieferbare Watfähigkeitsanlage (Abdichten aller betroffenen Teile) erhöht den Wert auf 1200 Millimeter.

Der Allradantrieb ist wie gewohnt beim Unimog (und im Gegensatz zum Geräteträger) zuschaltbar. Pneumatisch wird der Vorderradantrieb aktiviert, falls erforderlich zusätzlich die Differenzialsperren an beiden Achsen. Die elektronische Telligent-Schaltung wurde fit gemacht auch fürs schwere Gelände. Acht Grundgänge stehen zur Verfügung, über die Geländegruppe weitere acht Gänge im Geschwindigkeitsbereich zwischen 1 und 25 km/h. Die Motoren entsprechen generell denen der Geräteträger. Die Reihenvierzylinder tragen die Bezeichnung OM 904 LA (OM steht für „Ölmotor = Dieselmotor"), nur für den U 5000 kommt neu ein 218 PS starkes Aggregat hinzu. Auf 4,8 Liter vergrößerter Hubraum und die verbesserte elektronische Einspritztechnik haben die Leistungssteigerung gebracht. Der Sechszylinder aus dem U 500 kommt im U 5000 nicht zum Einbau. Offenbar passt die Charakteristik der Vierzylinder besser zum Einsatzspektrum des Großen.

Es kommt hier vor allem auf viel Kraft im mittleren Drehzahlbereich an, die sich besser aus größeren Zylindereinheiten holen lässt.

Das gute alte Ganzstahlfahrerhaus ist dem schweren Unimog erhalten geblieben, auch die Doppelkabine gibt es weiterhin. Das Design verändert gegenüber dem Vorgänger allein die umgestaltete Motorhaube – drei breite, waagerechte Lufteinlässe – und die tiefer positionierten Blinklichter sowie zusätzliche an der Seite. Die wirkliche Neuheit der Kabine sind die dem Stand der Technik angepassten Bedienelemente, hier diente der zwei Jahre ältere Geräteträger als Vorbild. Im schweren Unimog ist allerdings alles großflächiger angeordnet, weil mehr Platz zur Verfügung steht. Der Fortschritt einer klaren Gliederung in der Armaturentafel fällt besonders beim Vergleich mit dem Vorgängertyp auf. Im Gewicht liegt der charakteristische Unterschied weniger beim zulässigen Gesamtgewicht – es ist beim U 500 sogar höher als beim U 5000 –, sondern im Eigengewicht. Der große Unimog ist von sich aus schwerer, muss aber weniger Gewicht aufsatteln – in der Regel. Die Ausnahme bildet der U 5000 für die Feuerwehr mit einem zulässigen Gesamtgewicht von 14,1 statt 12,5 Tonnen.

Kapitel 3

Geräte im kommunalen Einsatz

■ Schneefräse am Unimog: In den frühen sechziger Jahren kam die Kraft bereits von der Zapfwelle

Kommunaler Einsatz

■ Der gute alte Keilpflug – hier in einer fortgeschrittenen Version am Unimog der Baureihe 421.

■ Kühne Konstruktion: Die Antriebswelle der ersten Schneefräse von Schmidt führte durch das Fahrerhaus.

Ein großer Teil der Geräte am Unimog zielt auf die Anwendung im Kommunalen Dienst. Zeitweise mehr als die Hälfte der Fahrzeuge wurden in diesem Bereich verkauft, auch wenn nicht alle Anwender Kommunen oder andere Behörden, sondern auch private Dienstleister sind, die im Auftrag handeln. Sozusagen Hand in Hand wuchsen hier Unimog-Absatz und Zahl der Geräte zu ihrer heutigen zentralen Bedeutung – im Gegensatz zu anderen Gerätegruppen, etwa in der Landwirtschaft, wo der Unimog überwiegend nur noch als Zugfahrzeug eingesetzt wird. Deshalb und wegen ihrer spezifischen Vielfältigkeit ist den Kommunalgeräten hier ein eigenes Kapitel gewidmet.

Was sich heute auf den ersten Blick als schier unüberschaubar präsentiert – auf den Fachmessen „IFAT" in München und „Entsorga" in Köln füllt es mehrere große Hallen –, hat sich auf zwei verschiedenen Wegen ent-

Moderner Streuautomat (Schmidt) in kompakter Größe am U 90

wickelt. Geräte für den kommunalen Einsatz haben ihren Ursprung in der Abfallentsorgung einerseits und in der Straßenunterhaltung andererseits, wobei das Kehren beide Bereiche berührt. Da es für den Unimog in der Abfallentsorgung wenig zu tun gibt und gab – einige Abfallsammel- und Kanalreinigungsaufbauten bilden seltene Ausnahmen –, ist hier vorrangig von den Einsatzgebieten rund um die Straße die Rede.

Winterdienst

Das Auto war schon 39 und der Lkw 29 Jahre alt, als der von Pferden oder Ochsen gezogene Schneepflug – entlehnt dem Ackerpflug – immer noch die Norm bildeten. Im Jahre 1925 erregte deshalb die später so bekannt gewordene Firma Alfred Schmidt in St. Blasien im Schwarzwald mit ihrem ersten Keilschneepflug für den Lkw erhebliches Aufsehen. Noch war er aus Holz, aber er funktionierte und ar-

Kommunaler Einsatz

Leistungsfähige Einheit: U 400 mit Schneepflug und Streuautomat von Gmeiner

beitete vor den Lastwagen gespannt effektiver als der gezogene Pflug. Elf Jahre später ließ er sich in Stahl fertigen und entwickelte sich ab 1938 zum Norm-Pflug in Deutschland. Meist blieben die Pflüge am schweren Lastwagen, spezielle Geräteträger lagen noch in weiter Ferne.

Auf Lkw gehörten auch die frühen Streugeräte, die es als einfache Sandstreuer schon in den 1930er-Jahren gab. Hubert Weisser in Bräunlingen im Schwarzwald hatte sie ursprünglich für die Landwirtschaft entwickelt. Angetrieben wurden sie mit einem Elektromotor. Der Straßenwärter auf der Ladefläche, das Streugut in den Silo schippend, gehörte noch in den 50er-Jahren zum alltäglichen Winterbild. Immerhin verteilte der rotierende Streuteller den Splitt auf die Straße. Wo dieses Winterdienstgerät bis dato gefehlt hatte, hatte man das Gut einfach per Schaufel auf die Straße geworfen.

Für die nächste Stufe des Winterdienstes war der Unimog gerade recht gekommen. Schmidt stellte 1952 die erste Schneefräse vor. Die 25 PS des Unimog konnten das schwere Gerät nicht antreiben, es erhielt eine separate Maschine mit einer Leistung von 85 PS! Die Konstruktion war verbesserungsfähig, wie sich schnell heraus stellte: Die Antriebswelle musste vom auf der Ladefläche platzierten Motor durch Kabine und Windschutzscheibe nach vorn zur Fräse geführt werden! Es funktionierte, aber so konnte es nicht bleiben, trotz Verkleidung der Welle innerhalb der Kabine. Als vorläufige Lösung drehte man den Motor auf der Ladefläche um 180 Grad und führte die Welle von ganz hinten unterflur nach vorne. Von Schneefräse zu Schneefräse lernten die Ingenieure dazu, nahmen beispielsweise einfach den Triebkopf des Unimog und bauten von hinten ein neues Fahrzeug auf. Schneefräsen von Schmidt bekamen sogar Kettenlaufwerke, um auf den Schneeverwehungen klettern zu können. Das war um 1970, der Motor der Fräse leistete da schon 354 PS. Heute gibt es immer noch Schneefräsen am Unimog, viele werden über Zapfwelle vom gegenüber früher viel stärkeren Fahrzeugmotor angetrieben, andere haben einen Separatmotor. Die größten Schneefräsen sind Komplettfahrzeuge auf Lkw-Basis oder Eigenbauten sogar oberhalb des Unimog, die Geräteantriebe leisten hier bis 800 PS. Schneefräsen arbeiten in zwei Schritten: Die quer zur Fahrrichtung stehende, breite Frästrommel zerkleinert den Schnee, das im rechten Winkel dazu montierte Schleuderrad befördert das Weiß durch den Schacht nach draußen, meist zur Seite, aber auch nach vorn, etwa in voraus fahrende Lkw-Kipper, wenn seitlich liegender Schnee entsorgt wird.

Räumen mit Schneepflug, Fräsen und Streuen, diese drei Grundtätigkeiten des Winterdienstes haben den Unimog wie wohl keine Weiteren von Anfang an begleitet. Dem Keilpflug folgte der über die ganze Fahrzeugbreite reichende Mehrschar-Schneepflug, die Entwicklung der Fräsen hielt mit der wachsenden Leistungsfähigkeit des Unimog mit und überschritt sie sogar, die etwa ab 1960 lieferbaren kompletten Streuautomaten als Aufsetzgeräte wurden außer für Lkw auch für den Unimog genormt. Die Streugutzufuhr der Streuautomaten erfolgte bald automatisch, die Dosierung geriet immer feiner. Längst wurde auch Sole aufgetragen, um Verwehungen zu vermeiden. Glatteisbekämpfung mit Hilfe von Salz kam Ende der 1950er-Jahre auf – eine ganze Branche hochspezialisierter Betriebe arbeitete sich in immer neue technische Regionen vor, darunter in Deutschland neben Küpper-Weisser und Schmidt unter anderen auch Gmeiner und Beilhack, in Österreich Kahlbacher und in der Schweiz Boschung.

Und das können Winterdienstgeräte heute: Die Schneepflüge erreichen Räumbreiten bis zu knapp acht Metern in der Kombination für die Räumung der Autobahnen oder der Flugfelder und überfahren leichte Hindernisse auf der Fahrbahn ohne Schaden, die Streuautomaten dosieren Computer gesteuert und in Abhängigkeit von der Straßentemperatur die Streumenge auf das Gramm genau. Nach allzu großzügigem Umgang mit dem den Boden belastenden Salz in den 70er-Jahren half moderne Technik, die Auswurfmenge pro Quadratmeter deutlich zu reduzieren.

Die Schneefräsen sind wahre Hochleistungsmaschinen und können Schnee und Eis bis in zwei Meter Höhe aufnehmen und bis zu 40 Meter weit werfen, um den Straßenraum frei zu halten.

Straßenreinigung

Parallel zur systematischen Abfallentsorgung in den Städten, die zu Beginn des 20. Jahrhunderts noch keineswegs flächendeckend eingeführt war, entstanden die ersten Kehrmaschinen, zunächst nicht mehr als an den Lkw gehängte Walzenbesen. Dazu kamen, abgeleitet vom Feuerwehrfahrzeug,

Frühe Lösung des Vorbaukehrbesens bei Schmidt: Der Behälter ließ sich zum Entleeren hochfahren.

■ Nachgestellt: Restaurierter Unimog der Baureihe 411 bohrt Erdlöcher auch in der Neuzeit

Kommunaler Einsatz

■ Der Ruhrpott muss sauber werden. Unimog der Baureihe 416 mit Schörling-Aufbau in Essen

■ Gekehrt wird überall – Unimog im Volkswagenwerk

Tankwagen für das Benässen der ewig staubigen Straßen. Zum Kehren hätte man so etwas wie den Unimog auch schon damals gebrauchen können. Ersatzweise bauten Firmen wie Krupp, Faun oder Weygandt & Klein, der Vorgängerbetrieb von Haller, vorhandene Lkw um oder wagten sich sogar an selbstfahrende Spezial-Konstruktionen. Als erster Fortschritt wanderte der Besen unter die Wagenmitte, im Heck fand der Auffangbehälter für den Schmutz Platz. Die Sprengwagen ließen sich ebenfalls mit dem Besen kombinieren, die spätere Kehrmaschinen, wie sie seit Jahrzehnten auch der Unimog auf dem Rücken trägt, nahm in den 30er-Jahren Gestalt an. In den 50ern steigerten die Kehrmaschinen ständig ihre Arbeitswerte, unvergessen bleibt die hoch bauende Faun AK 3H, die noch in sechziger Jahren zum modernen Straßenbild gehörte. Beweglich aufgehängte Besen erweiterten den Aktionsraum.

All das wurde für den Unimog erst interessant, als es die Kehrmaschine als Wechselaufbau gab. Denn niemand brauchte einen teuren Unimog, der nur zum Kehren eingesetzt wird – gekehrt wird schließlich auf ebenen Straßen und nicht im Gelände. Allerdings kehrten Unimog schon ab Mitte der 50er, als erste Vorbaukehrbesen aufkamen, unter anderen bei Schmidt. Sie säuberten Baustellen und andere stark verschmutzte Flächen. Die Geräte wurden, damit sie zum Entleeren auf Containerhöhe angehoben werden konnten, aufwendig an der Front mit weit nach oben reichenden Verstrebungen an der Fahrzeugfront befestigt – die Ladefläche blieb für Anderes frei. Zunächst erfolgte die Schmutzaufnahme rein mechanisch, ähnlich dem Paternoster-Prinzip über ein mit Klappen versehenes, breites Band. Mit Hilfe des saugenden Gebläses ließ sich die Effizienz erheblich steigern, auch hier wuchs die Leistungsfähigkeit der Aggregate mit der Grundmotorisierung des Unimog. Zapfwelle und später Fahrzeughydraulik oder sogar der hydrostatische Antrieb versorgten die Kehrmaschine, in einigen Fällen auch separate Motoren.

Der Wechselaufbau änderte die Situation auf diesem Segment für den Unimog grundlegend. Winterdienst, Grünpflege und Kehren mit einem Fahrzeug und einer Palette von Geräten, das machte den Beschaffern der öffentlichen Hand ab den 70er-Jahren den Unimog attraktiv. Wahrlich nicht von schlechten Eltern sind die Leistungen eines Kehr-Unimog der aktuellen Baureihe: bis zu sechs Kubikmeter fasst der Schmutzbehälter, 1500 Liter der Wassertank, ein leistungsstarker Ventilator zieht das Kehrgut durch den speziell geformten Saugmund, die zwei vorderen, an Schwenkarmen aufgehängten Tellerbesen kommen auf eine Kehrbreite von 1000 Millimetern, der Walzenbesen zwischen den Achsen schafft 2200 Millimeter (Beispiel Bucher-Schörling).

Dennoch bleibt der Unimog als einfaches Kehrfahrzeug eher eine Seltenheit, weil sich eben dieselben Kehraggregate auch mit dem billigeren Lkw kombinieren lassen.

■ Die Gegenwart: Die Geräte am Unimog sind auswechselbar.

■ **Forstspezialist:** Unimog aus der Reihe 407 mit besonderer Ausrüstung

Kommunaler Einsatz

Experiment zum Frieren: Der Schneekratzer von Schmidt hatte keine Zukunft.

Erfolg langer Tüftelei: Leitplankenwaschgerät von Schmidt

Straßenreinigung zählt aber auf anderen Feldern zum Stammgeschäft der kommunal eingesetzten Unimog, und zwar mit Frontanbaugeräten für sehr spezielle Zwecke. Es sind Besen, die mit Druck und Wasserzufuhr arbeiten wie das Leitpfostenwaschgerät – zwei kurze Kehrwalzen bestreichen die Leitpfosten –, die Reinigungsmaschine für Tunnelwände und Lichtbänder – hier wird ein breiter Walzenbesen gegen die zu reinigende Fläche gedrückt –, oder die Schilder-Waschanlage – der Wassertank auf der Ladefläche und eine Pumpe sind die Grundlage. Je teurer im Laufe der Zeit die Arbeitskraft des Straßenwärters wurde, um so mehr setzten sich solche Systeme durch.

Geräte der Grünpflege

Aus heutiger Sicht behelfsmäßig und vom eigentlichen Ziel, die Arbeit zu rationalisieren, noch weit entfernt stellten sich die ersten Anbaugeräte am Unimog für die Grünpflege dar. Das Grün lag in der Regel neben der Straße, unter den Leitplanken, an Böschungen, aber auch in klassischen Grünanlagen der Kommunen abseits aller Wege. Grünstreifen entlang der Bahnstrecken warteten ebenso auf den Unimog. Große, zusammenhängende Grünflächen blieben speziellen, selbst fahrenden Mähmaschinen vorbehalten.

Einer der ersten Anbieter war auch hier die Firma Schmidt aus dem Schwarzwald. 1957 brachte sie ein Böschungsmähgerät auf den Markt. Zur Bedienung musste neben dem langsam fahrenden Unimog ein Straßenwärter herlaufen und mit beiden Händen in unbequemer Haltung den Mäher führen und dabei noch darauf achten, nicht zu stolpern. Das Mähgerät hatte hinter dem Fahrerhaus seinen Platz und hatte starre, einfach abgewinkelte Ausleger. Der eigentliche Mäher war ein schwenkbarer Mähbalken. Seine Energie erhielt das Gerät über Luftdruck. Immerhin ließen sich Hecken und kleine Bäume am Wegrand besser stutzen als mit der Handschere. Geradezu in eine neue Welt stieß Schmidt dagegen 1967 vor, als man ein Randsteinmähgerät entwickelte, das unter der Leitplanke arbeiten konnte. Die Neuheit: Eine Tastautomatik sorgte dafür, dass Verstrebungen der Leitplanke in den Boden umschifft wurden – denn es handelte sich schließlich nicht, wie von manchem Hersteller in der Branche irrtümlich so bezeichnet, um ein „Leitplankenmähgerät".

Viele Mähgeräte waren ursprünglich für den Einsatz am Traktor konzipiert, die seitlich angebrachten, langen Mähbalken ließen sich für Transportstrecken einfach hochklappen. Die Firma Mulag, ebenfalls aus dem Schwarzwald, übertrug 1974 ihre Mähtechnik vom Traktor auf den Unimog – und auf den Lkw. Zum Konzept gehörte nämlich nun eine Absaugung des Mähguts in einem mitgeführten Anhänger – hier war man, auch bei anderen Herstellern, dem Ziel weitgehender Rationalisierung nun doch ein großes Stück näher gekommen. Eines der wenigen Einsatzfelder des Unimog im Anhängerbetrieb außerhalb des reinen Transports war entstanden.

Schon 1978 überwanden die Ausleger der Böschungsmähgeräte eine Weite von 10 Metern. Neben dem Balkenmäher setzten sich auf einer Welle laufende Schlegelmäher durch, außerdem gab es bald wie Kreissägen arbeitende Schneidegeräte oder Buschhackerrotoren, alles fügt sich zu einem kompletten System zusammen, am besten dokumentiert beim imposanten Trio-Mäher von Mulag am aktuellen Unimog-Geräteträger. Wildkrautbesen, Geräte zum Reinigen verschlammter und zugewachsener Straßengräben, Erdbohrgeräte – heute ist die Grünpflegeausrüstung für einen Unimog das komplette Werkstattsortiment eines großen Gartenamtes oder einer Straßenmeisterei.

Das High-tech-Niveau der aktuellen Mähkombinationen kennzeichnet die Elektronik, die beispielsweise den Auflagedruck des Mähers regelt oder der CAN-Datenbus zur Steuerung aller Arbeitsvorgänge. Längst ist der Joystick als universaler Bedienhebel Standard – und die Einmannbedienung, das Maximum am Rationalisierung, auch. Über die genormte Anbauplatte lassen sich Schnellwechselsysteme für die Frontgeräte bedienen, die starke Fahrzeughydraulik liefert Kraft für alle Aggregate und wo weniger genug ist, tun es die Zapfwellen. Geradezu synchron haben sich der kommunale Unimog und seine kommunalen Geräte entwickelt und sind in vor gut 50 Jahren unvorstellbare Dimensionen vorgestoßen.

Gute Zeiten für den Bediener: Joystick und Wechsellenkung

Kapitel 4

Gesammelte Werke der Tüftler

Die Erfolgsgeschichte des Unimog haben viele mit geschrieben – jeder ein kleines Kapitel. Die so zahlreichen Hersteller von Geräten und Aufbauten machten den legendären Mercedes-Star erst wahrhaft universal – das zeigt die Szene damals und heute.

■ Kehren auf Sand – kein Widerspruch für die Techniker der Geräteindustrie

Tüftlerwerke

Zweiraumwohnung: Unimog mit Doppelkabine und Wohncontainer

Action Mobil

Wohn- und Expeditionsaufbauten

Die Zielgruppe ist denkbar klein, aber es gibt sie doch: Echte Wüstendurchquerer sind mit hochgeländegängigen Unimog gut bedient, und alles, was sie für ihren Traumtripp brauchen, bekommen sie bei einer Firma wie Action Mobil GmbH & Co. KG in Saalfelden in Österreich. Allerdings sind die Anfragen nach dem Extremfahrzeug mit Wohnaufbau nicht allzu häufig, viele Wohnmobil-Liebhaber suchen entweder weniger aufwendige Fahrgestelle oder aber größere Lösungen auf der Basis von schweren Militär-Lastwagen. Dennoch, der Unimog mit Wohnmobilaufbau (für Expeditionen auch mit Laboreinrichtungen) hat eine gewisse Tradition. Schon auf Fahrzeugen der Baureihe 416 gab es solche Exemplare bei Action Mobil und manch ein 404 S ist in Eigenarbeit für die Sahara ausgerüstet worden.

Firmengründer Otfried Reitz hat die ersten Erfahrungen mit seinem Metier selbst gemacht. Als Fotograf für Bilder aktueller Mode suchte er attraktive Hintergrundmotive in Nordafrika, und um dort hinzukommen und auch für eine gewisse Zeit zu bleiben, brauchte er das passende Fahrzeug. Da es keines gab, baute er es selbst, zunächst auf Geländewagen im Pkw-Format. Mit der Zeit wurden die Fahrzeuge immer größer und die Fragen, wo man solche Aufbauten bekäme, immer häufiger. So entschloss sich Reitz Ende der 60er-Jahre, in den Fahrzeugbau zu wechseln und hochgeländegängige Wohnmobile zu bauen.

Rast vor bizarrer Kulisse: Großer Unimog mit Wohnaufbau aus der Baureihe 437

Die Wahl des Fahrgestells fällt der Kunde. Dabei kommen beim Unimog nur die großen Modelle mit langem Radstand in Frage. Wüstentauglich ist der Unimog in starkem Maße, natürlich kann aber auch ein Antriebsstrang wie der des Unimog in diesem Umfeld an seine Grenzen stoßen. Viele Geländefahrer bevorzugen den Unimog mit Doppelkabine und der vom Werk eingebauten Klimaanlage. Der Wohnaufbau selbst ist heute GFK-verkleidet und sowohl von der Isolation wie von der Innenausstattung für Daueraufenthalt eingerichtet. Kompass- und GPS-Anlage, Solarzellen oder schallgedämpfte Dieselgeneratoren zur Stromgewinnung sind nicht nur technische Komfortmerkmale, sondern Notwendigkeiten für weite Touren, bei denen man auf sich allein gestellt ist. Große Zusatztanks für Trinkwasser und für Kraftstoff gehören ebenfalls zu diesen Attributen. Vielleicht ist es ja so, dass gar nicht jeder Besitzer eines Unimog-Action Mobils wirklich in die Wüste fährt, eine stattliche Erscheinung sind diese Fahrzeuge aber allemal.

Tüftlerwerke

■ Terra-Reifen sinken nicht ein – ein U 2150 nach der Umrüstung

■ Von Baisch auf dem U 2450 montierter Düngerstreuer des Herstellers Güstro

Baisch Landtechnik

Landwirtschaftliche Geräte und Anhänger

Auch wenn der Einsatz des Unimog in der Landwirtschaft zunehmend an Bedeutung verliert, gibt es doch unverändert eindrucksvolle Arbeitsfelder für das Universal-Motorgerät, das ja ursprünglich genau dafür konzipiert war. Spezialbetriebe wie Baisch im schwäbischen Leingarten schaffen dabei die Voraussetzung, Aufbauten und Geräte aus der Landtechnik am Unimog zu verwenden. Relativ wenig Eigengewicht und eine große Ladefläche, die schwere Aufbauten über die Flur tragen können und dazu gute Eignung für deftige Transportaufgaben geben dem Unimog seine Chance. Die gleichmäßige Gewichtsverteilung auf alle vier Räder ist ein weiteres Plus. Baisch sorgt dafür, dass der Unimog mit Düngemittel-Streuaufsätzen, Aufbautanks (Gülle oder Pflanzenschutzmittel) und mit Anhängern besonders hoher Nutzlast kompatibel wird.

Basis für die Aufbauten von Baisch ist dabei der große Unimog, innerhalb der zuletzt abgelösten Baureihe U 437 war es häufig der Typ U 2450 mit maximal 240 PS. Die Zutaten von Baisch beziehen sich auf Aufbaurahmen für die Tanks und Streuer, auf Sattelkupplungen sowie Kugelkopfkupplungen für die Auflieger und Anhänger. Mit Letzterer sind schwere dreiachsige Anhänger ausgestattet. Die Kugelkopfkupplung nimmt 5500 Kilogramm Stützlast auf, jede der drei Achsen verkraftet 8000 Kilogramm, zum Beispiel beim Muldenkipper BB 310R von Brimont. Der imposante Zug bietet eine Nutzlast von 24 Tonnen und ist zugelassen für eine Höchstgeschwindigkeit von 80 km/h, ganz klar ein Vorzug des Unimog gegenüber dem konventionellen Traktor.

Unimog mit Gülletank erhalten vorn auf einem Vorbau eine Drehkolbenpumpe, die ebenso wie der Aufbau (zum Beispiel von Vogelsang, Bredal oder Güstro) bei Baisch montiert wird. Eine wichtige Voraussetzung für den Einsatz des Unimog auf dem Feld ist die Verwendung von Terra-Bereifung. Sie ist sehr breit, hat eine flexible Karkasse und läuft mit wenig Innendruck. Das hat positive Folgen: Auch auf feuchtem Boden sinken diese Reifen kaum ein, was nicht nur das Fahren vereinfacht, sondern auch Kraftstoff spart. Außerdem bietet diese Bereifung mehr Komfort dank ihres „Luftkisseneffektes" und trägt eine höhere Nutzlast als herkömmliche Reifen. Der Unimog mit Terra-Reifen bekommt vorn überbreite Radabdeckungen – er ist rundum ein überaus imposanter Vertreter der Gattung „Großer Unimog".

24 Tonnen Nutzlast auf Feld und Straße – U 2450 und Brimont-Muldenkipper beim Getreidetransport

Tüftlerwerke

Barth

Grabenfräsen und Anbaubagger

Die Leistungen der Geräte der Barth Deutschland GmbH machen Eindruck im Wortsinn: Selbst felsiger, ausgetrockneter Boden hat keine Chance, wenn eine auf dem Unimog montierte Grabenfräse ihm zu Leibe rückt und einen kräftigen Einschnitt in der Landschaft hinterlässt. Diese Maschinen ziehen nämlich Gräben im Akkord, die jüngste Neuentwicklung TW 15 schafft bis zu 200 Meter in der Stunde bei einer Grabentiefe von mehr als 1200 Millimetern. Ihr Herzstück ist die Fräseinheit mit der Fräskette, hydrostatisch angetrieben über Zapfwelle. Hydraulikpumpe und zwei Hydraulikmotoren geben die wohl dosierte Kraft weiter an die Fräskette. Gesteuert wird sie über elektrische Impulse. Damit man die Gräben auch in Bögen ziehen kann, ist die ganze Fräseinheit schwenkbar gelagert. In der Regel erfolgt die Tiefenstellung von Hand, auf Wunsch ist aber auch eine Lasereinstellung der Grabentiefe möglich.

Tiefes Graben erfordert Kraft, deshalb dienen hier die schweren Unimog als Basis für die Aufbaugeräte, in der jüngeren Vergangenheit beispielsweise der Unimog U 2150. Das herkömmliche Getriebe in der Geländeuntersetzung genügt, es kommen aber auch Fahrzeuge mit hydrostatischem Antrieb zum Einsatz. An der vorderen Stoßstange ist je nach Einsatz eine Kabelrolle befestigt, die das zu verlegende Kabel im selben Arbeitsgang versenkt. In Transportstellung lässt sich die mächtige Fräse zusammenklappen und erlaubt bei einer Gesamthöhe von 3,40 Metern ungestörtes Fahren.

Eine einfachere Alternative stellen die angehängten Rotograbenfräsen dar. Allerdings sind auch sie sehr leistungsfähig, Grenzen erfährt ihr Einsatz eher durch die Möglichkeiten des Zugfahrzeugs. Schräg gestellte Rotoren machen hier die Arbeit, möglich ist eine Streckenleistung von 300 bis 500 Metern in der Stunde. Rotograbengeräte laufen häufig hinter kleineren Unimog wie dem U 90. Mit ihnen lassen sich auf eher weichem Untergrund sowohl neue Gräben ziehen wie auch vorhandene vertiefen.

Barth Deutschland in Oerlinghausen bei Bielefeld existiert seit 1962. Anbaubagger – auch für den Unimog – und selbstfahrende Drainagemaschinen gehören unter anderem zu den hoch spezialisierten Produkten, die die Firma zu einem führenden Hersteller auf diesem Gebiet in Europa gemacht haben.

Bereit zum Einsatz ist die Grabenfräse K 150 N-80 von Barth auf einem U 2150.

Volle Kraft nach unten: Grabenfräse TW 15, auch für felsige Böden

Dammann-trac als Selbstfahrer: Darunter steckt ein U 500

Dammann

Trägerfahrzeuge und Aufbauspritzen für die Landwirtschaft

Die Frontverkleidung der modernen Kabine ist bereits ein dezenter Hinweis, der Blick ins Cockpit macht endgültig klar: Bei diesem außergewöhnlichen Fahrzeug handelt es ich im Kern um einen Unimog, wenn er auch ein ganz anderes Erscheinungsbild hat. Sitz, Bedienelemente und Lenkrad sind der sichtbare Beweis. Der Dammann-Selbstfahrer für den landwirtschaftlichen Einsatz ist auf dem Fahrgestell des U 500 montiert unter Verwendung besonders hoher Räder. Alle Vorteile des Unimog-Konzepts wie der Antrieb über gleich große Räder, 100-prozentige Sperrwirkung der Differenzialsperre auf beiden Achsen und somit der absolute Gleichlauf für schonendes Fahren auf dem Feld bringt das Spezialfahrzeug auf diese Weise mit. Die Dimensionen sind wahrhaft ungewöhnlich: 7100 Millimeter in der Länge und 3300 Millimeter in der Höhe bei einer Breite von 2500 Millimetern. Fast sieben Tonnen wiegt das Fahrzeug leer, 15 Tonnen beträgt das zulässige Gesamtgewicht bei einem Tankvolumen von maximal 4600 Litern. Eine Reifenbreite von 520 Millimetern ist möglich. Tragen muss der Dammann-trac eine Aufbauspritze des Hauses, aber auch große Mulden für den Transport kommen zum Einsatz. Jüngste Weiterentwicklung ist der dreiachsige Dammann-

Tüftlerwerke

trac 2600 H mit Hydraulikantrieb, bei dem jedes Rad einzeln angesteuert wird. Die Fahrgeschwindigkeit ist stufenlos wählbar zwischen 1 und 40 km/h.

Die Aufbauspritzen mit einem Tankvolumen von 2000 bis 4000 Liter lassen sich allerdings auch auf allen großen Unimog ab dem U 500 montieren. Es geht dabei um den sensiblen Bereich des Ausbringens von Pflanzenschutzmitteln. Saugen, Rühren, Spritzen und die Fassreinigung werden über einen zentralen Programmhahn gesteuert. Die Flüssigkeit durchläuft, ohne dass Eingriffe nötig sind, ein Filtersystem, Frischwasser ist an Bord zur Reinigung von Leitungen und Geräten, der Computer übernimmt Steuerung und Überwachung des genau dosierten Durchlaufs an den Düsen. Für Stabilität beim Fahren sorgen eine robuste Gitterrohrkonstruktion der Ausleger sowie der elektropneumatische Hangausgleich. Höchst eindrucksvoll ist auch die maximale Arbeitsbreite der Dammann-Spritzen: bis zu 42 Meter beim Selbstfahrer und bis zu 30 Meter auf dem Unimog. Die Herbert Dammann GmbH in Buxtehude-Hedendorf gibt es seit 1979, sie ist ein führender Hersteller dieser Technik und beschäftigt rund 100 Mitarbeiter.

■ An die Arbeit: Die Dammann-Aufbauspritze wird ausgefahren.

■ Der U 500 trägt die kleinere Version, genannt Serie 2000.

Dücker

Geräte der Grünpflege

Grünarbeiten sowie die konsequente Beseitigung von Holz und Gestrüpp sind das Arbeitsfeld der Gerhard Dücker GmbH & Co KG im westfälischen Stadtlohn. Mähen, mulchen, Holz zerkleinern, aber auch kehren und reinigen können die Anbaugeräte von Dücker. Die ganze Palette ist für den Unimog konzipiert, kann aber auch an großen und kleinen Traktoren installiert werden. Für die Grünpflege ist Dücker Systempartner von DaimlerChrysler.

Buchstäblich das Rückgrat des ganzen Sortiments stellt der Uni-Arm UNA dar. Er macht die Geräte flexibel, der Arbeitsbereich von 210 Grad, Arbeiten vor, unter oder hinter der Leitplanke sowie an Böschungen, in der Breite verschiebbar um maximal 1600 Millimeter, so steuert der Arm die Vielzahl von Dücker-Geräten und überbrückt dabei maximal 7,80 Meter (ab Fahrzeugmitte). Die Geräte nehmen sich auch größere Hindernisse vor als nur das einfache Grün. Gestrüppmähkopf, Schlegelmähkopf, Grabensohlenfräse, Ast- und Wallheckenschere oder die Wildkrautbürste gehören in diese Reihe. Für den U 300 und U 400 entwickelte Dücker zur Stabilisierung des Arms einen Torsionsrahmen, ältere Geräte für den Unimog und die für andere Fahrzeuge verfügen über ein mitlaufendes Stützrad.

Dücker kombiniert die Grundgeräte Böschungsmäher und Randstreifenmäher zu einer effektiven Einmann-Bedienung, wobei die Unimog-Wechsellenkung das erst möglich macht. Die Steuerung erfolgt über ein zentrales Gerät mit proportional angesteuerten Hydraulikventilen. Der Antrieb kommt von der Hydraulikanlage des Uni-

▪ Allein unterwegs ist der Straßenwärter mit der Dücker-Mähkombination am aktuellen Unimog

Tüftlerwerke

Der Uni-Mäher von Dücker am U 90 – eine typische Kommunal-Kombination

Kompromisslos räumt der Wildkrautbesen den Weg wieder frei. Zur Abstützung des Gerätes läuft ein Rad mit.

mog, auf Wunsch auch über Zapfwelle. Um Leitpfosten, Befestigungen von Verkehrsschildern und um Bäume dreht sich das Randstreifenmähgerät so flexibel, dass ein Großteil des hinter dem Hindernis liegenden Grüns mit erfasst wird. Abseits des Straßenbegleitgrüns kommt der Großflächenmäher von Dücker zur Geltung, er nimmt sich auch Freiflächen mit gröberem Mähgut vor. Überhaupt ist das Zerkleinern von Gestrüpp und Holz eine Spezialität der Firma, die leistungsfähigen Holzhacker H 560 und H 960 passen ideal zum Unimog, da er seine Fähigkeiten auf den Transportstrecken und bei der Geländetauglichkeit voll ausspielen kann. Bis zu 28 Zentimeter dick darf ein Stamm sein. Drei Messer in einer Länge von 325 Millimetern nehmen sich des Holzes an. Die Frontkehrmaschinen 1600 bis 2400 (die Zahlen stehen für die Kehrbreite) haben große Schmutzbehälter und lassen sich mit Aufkratzleisten und Wildkrautbesen komplettieren.

Seitdem der Unimog von Haus aus genügend Kraft zum Antrieb der Geräte abgibt – also im Prinzip seit den Baureihen 413, 425 und 435 in den frühen 70er-Jahren – haben die Anbaugeräte von Dücker für Arbeiten am Straßenrand und im Gelände ihren festen Platz in der Unimog-Welt.

Empl

Feuerwehr- und andere Sonderaufbauten

Der Name des österreichischen Fahrzeugwerkes Empl aus dem Zillertal ist vor allem in Kreisen der Feuerwehren, Rettungsdienste, Unternehmen mit mobilen Werkstätten und des Militärs bestens bekannt. Empl baut ganz Spezielles auf dem Unimog auf, verlängert Pritschen und schafft so Truppentransporter, entwickelt voluminöse Werkstattkoffer sowie Aufbauten für Ambulanz- und Feuerwehrfahrzeuge. Das geschieht nicht nur, aber doch regelmäßig auf Unimog-Fahrgestellen. Auch Tankaufbauten für Mineralöl oder Trinkwasser werden mit dem Unimog kombiniert, ebenso einzelne Geräte wie Hubbühnen oder kleine Kräne. In vielen Fällen sind Armeen aus der ganzen Welt die Auftraggeber, benötigt wird das Unimog-Sortiment von Empl aber selbstverständlich auch bei Feuerwehreinheiten in Regionen mit strengem Winter oder erhöhter Waldbrandgefahr.

Ebenso greifen Anwender auf Unimog und Empl zurück, die mit Werkstattwagen unwegsame Areale erreichen müssen. Sie schätzen dabei oft die Kombination mit der Doppelkabine. Wechselaufbauten interessieren den kommunalen Anwender wie das Militär – hier mobile Einheiten genannt –, so dass sich gerade in den vergangenen 20 Jahren das Angebot der Österreicher stark verbreitet hat.

Von den Lkw-Aufbauten kamen sie einst zum Feuerwehrsortiment, heute entstehen in Voll-Aluminium-Bauweise sämtliche Varianten in Rot, vom Tragkraftspritzenfahrzeug bis zum Gerätewagen oder dem Vorausfahrzeug, das in Österreich häufig auf geländetauglichen Fahrgestellen geordert wird. Aufbauten für Werkstattkoffer er-

U 1550 L als Tanklöschfahrzeug von Empl

halten abklappbare Seitenwände zur Vergrößerung der Arbeitsplattform.

Die deutsche Wiedervereinigung und die damit verbundene langfristige Öffnung der europäischen Ostmärkte ermunterten den Familienbetrieb 1991, sich im Bundesland Sachsen niederzulassen. Heute steht an den Standorten Elster und Klöden zwischen Berlin und Leipzig ein Zweigwerk mit rund 85 Beschäftigten, nachdem ein Betrieb aus DDR-Zeiten übernommen worden war. In seinen zwei österreichischen Stammwerken in Kaltenbach und Hall beschäftigt Empl weitere 190 Menschen. Entstanden war das Empl Fahrzeugwerk 1926 aus einer 200 Jahre alten Schmiede, zunächst mit der Fertigung von hölzernen Schneepflügen. Über Lkw-Anhänger und -aufbauten spezialisierte sich die Firma immer mehr, seit 1983 ist sie verstärkt auch um Export bemüht.

Hubbühne für die Stadt Budapest, montiert auf einem U 300

■ Endloser Kampf um
Sauberkeit: Kehreinsatz
im Braunkohletagebau
(Baureihe 411)

Tüftlerwerke

Faun

Kehraufbauten und Abfallsammelaufbauten

Es war die neuartige, mit dem U 300 bis U 500 im Jahre 2000 eingeführte Systempartnerschaft, die die Faun Umwelttechnik GmbH & Co. KG in Osterholz-Scharmbeck bei Bremen in die Unimog-Flotte integrierte. Mit System sozusagen, denn vor dem Kehraufbau Viajet 5 U hatte es nur ganz gelegentlich die Kombination Faun/Unimog gegeben. Beispielsweise mit Abfallsammelaufbauten für extrem unzugängliches Gelände. Einer der wenigen bekannten Unimog mit Abfallsammelaufbau stammt sogar noch aus Zeiten der Augsburger Firma Kuka, die seit 1983 zu Faun gehört. Auch für den neuen Unimog gibt es einen Abfallsammelaufbau von Faun, und zwar eine kleine Ausführung des Pressmüllaufbaus Variopress. Es ist zu erwarten, dass der Unimog als Müllsammler eine Einzelerscheinung bleibt, es war für Mercedes-Benz aber wichtig, jeden Einsatzzweck mit dem neuen Geräteträger abzudecken. Faun ist in Deutschland Marktführer bei den Abfallsammelaufbauten und operiert damit international. Vorläufer der heutigen Faun Umwelttechnik reichen bis in das Jahr 1873 zurück und bauten später unter anderem schwere Lkw und Zugmaschinen.

Auch das Kehren mit dem U 400 – auf ihn hat Faun seinen Kehraufbau Viajet 5U bezogen – ist nicht gerade alltäglich, da in der Regel auf ebenen, festen Flächen gekehrt wird, für die man kein Allradfahrzeug braucht. Es gibt aber doch geeignete Einsatzfelder, etwa auf großen Baustellen, wo es auf Transportwegen oder beim Umfahren von Hindernissen manchmal nur abseits der festen Wege weiter geht. Straßenmeistereien haben ohnehin ihre Unimog und wenn nach einem schweren Unfall auf der Autobahn sehr schnell eine Fläche gereinigt werden muss, ist das vorhandene Fahrzeug in kürzester Zeit etwa vom Winterdienstauto zum Kehrfahrzeug umgewandelt. Diesen Einsatzzweck im Blick, hat Faun sein Unimog-Kehraggregat von Anfang an eine Besonderheit mit auf den Weg gegeben: der Saugschacht, durch den das Kehrgut mit hohem Druck nach innen gesaugt wird, hat ein V-förmiges Saugmundstück, um vor allem Splitt effektiv von der Straße aufzunehmen. Der den Splitt zuführende Tellerbesen ist kaum breiter als der Saugmund, auf diese Weise verschwindet der zusammen gekehrte Splitt ohne „Verluste" im Saugschacht. Das Plus der Wechsellenkung lässt sich für jeden Kehreinsatz ins Feld führen, hier bietet der Unimog einen Bedienkomfort, den sonst nur

■ Wird eine Rarität bleiben: U 400 mit Abfallsammelaufbau von Faun

Kompaktkehrfahrzeuge, nicht aber Lkw mit Kehraufbauten vorweisen können.

Der Rest ist natürlich bewährte und moderne Kehrtechnik, wie sie Faun schon lange anwendet und seit einigen Jahren im sächsischen Zweigwerk Grimma fertigt. Der Saugschacht ist 550 Millimeter breit, die drei Besen – Rinnsteinbesen rechts und links und die Zubringerkehrwalze in der Mitte – ermöglichen eine Kehrbreite von maximal 2300 Millimetern. Fünf Kubikmeter Kehrgut kann der Schmutzbehälter aufnehmen, 1000 Liter Wasser sind an Bord, um den Staub zu binden. Der Unimog mit Kehraufbau hat ein zulässiges Gesamtgewicht von 12,5 Tonnen. Und gerade die Kehraufbauten – innerhalb der Systempartnerschaft gibt es sie auch von Bucher-Schörling – zeigen den Vorteil der neuen Strategie: Die gemeinsame Entwicklung im Vorfeld machte den separaten Motor für die Kehrmaschine von vornherein überflüssig, der Viajet 5U bezieht seine Kraft aus dem Fahrzeugtriebwerk. Zubehörteile wie der Handsaugschlauch hinten zum Leeren von Papierkörben oder eine Hochdruck-Sprühanlage zur Reinigung von Verkehrsschildern – aber auch vom Kehraufbau selbst – erhöhen das Einsatzspektrum des kehrenden Unimog.

■ Top-Technik: Faun-Kehrmaschine für den aktuellen Unimog

Tüftlerwerke

Ein Nasenbär am Waldesrand: Seilwindentrac von Föckersperger

Föckersperger

Seilwindenaufbauten

Ein Nasenbär wird aus dem Unimog, wenn er einen Seilwindenaufbau zu tragen hat. Solche Geräte wie hier der FWF 40 von der Walter Föckersperger GmbH aus Pauluszell in Niederbayern bescheren dem Basisfahrzeug einen spektakulären Extremeinsatz, der nachhaltig dessen Strapazierfähigkeit belegt. Die Seilwinde sitzt hinter der Kabine auf dem Fahrgestell, so dass der Unimog in Fahrtrichtung vor dem zu ziehenden Objekt steht. Die Winde hat die respektable Zugleistung von maximal 100 Tonnen, 150 Meter Stahlseil in einem Durchmesser von 35 Millimetern gilt es aufzurollen und bis zu einer Geschwindigkeit von 52

Föckersperger-Zug mit Grundfahrzeug und Legepflug bei der Arbeit

Frei schwebend gehört hier dazu: Seilwinde im Extremeinsatz

km/h stufenlos laufen lassen. Das Spektakuläre: Ist die spezielle Abstützung nach hinten ausgefahren, kommt es nicht mehr auf das Eigengewicht des Unimog an beim Ziehen. Vielmehr kann er sich an der in die Erde gebohrten Abstützung „festhalten" und dabei sogar komplett abheben – alles hat seine Ordnung, die Seilwinde verrichtet ihre Arbeit. Muss auf festem Untergrund abgestützt werden, erhält die Abstützung Gummiauflagen.

Die Winde hat einen eigenen, hydrostatischen Antrieb. Das ist auch der Grund für die Nase des Seilwindentrac von Föckersperger: Im Vorbau finden Tanks für Hydrauliköl und Kraftstoff Platz, elegant verkleidet mit einer optisch auf das Design des Unimog abgestimmten zusätzlichen Abdeckung.

Die Extremleistungen solcher Winden werden zum Beispiel benötigt beim Einsatz des Legepfluges von Föckersperger, einem Spezialgerät mit vier, an Teleskoparmen aufgehängten Rädern, mit dessen Hilfe Kabel schnell und schonend in die Erde eingezogen werden. Zunächst schafft der Pflug dem zu verlegenden Kabel aus eigener Kraft das Bett, anschließend wird es mit Hilfe der Seilwinde eingezogen. Der Verlegepflug kann dabei im Wasser, am Hang oder mit zweien seiner vier „Beine" hinter einer Leitplanke stehen. Im Gegensatz zur Grabenfräse benötigt der Legepflug keinen offenen Graben. Dem Unimog als Grundfahrzeug kommen seine Kraft und seine guten Eigenschaften als Transportfahrzeug gleichermaßen zu Gute, denn der komplette Legepflug lässt sich auf einem angehängten Tieflader zum Einsatzort bringen.

Tüftlerwerke

Aufbaumähwerk von Gilbers mit Absaugung und dreiteiligem Aufleger

Gilbers

Mähgeräte

Der Schnitt kam 1962 und er hat der Firma gut getan: Seinerzeit löste sich der schon seit 1825 bestehende Betrieb, längst von der Huf- und Wagenschmiede über eine Werkstatt für Landmaschinen zu einem Gerätehersteller geworden, von der Agrartechnik ab und wandte sich Spezialgebieten zu, die noch kleinere Nischen boten. Bernhard Backers und sein Schwiegersohn Karl Gilbers entwickelten ab 1957 Spezialmaschinen für die Wasserwirtschaft. Das hatte auch mit Landschaftspflege zu tun, ab 1962 kamen Maschinen zur Unterhaltung und Pflege von Straßen und Autobahnen hinzu. Der als Backers & Gilbers und heute als Gilbers GmbH & Co. KG firmierende Familienbetrieb hat seinen Sitz in Geeste, mitten in grüner Landschaft im westfälisch-emsländischen Raum.

Bei Gilbers geht es ums Mähen, professionell und bis ins Detail. Dabei kennt man nicht nur den Unimog, hat aber nahezu jede Produktlinie auch auf den Unimog bezogen. Der Heckaufbau STQ, die Absauganlagen U 5 und U 6, ein Frontanbau-Mähgerät sowie Grünstreifen- und Randstreifenmäher machen den Unimog rundum einsatzfähig für das so genannte Straßenbegleitgrün.

Kernprodukt ist dabei der Randstreifenmäher, heutzutage ein sensibles, „mitfühlendes" Hochleistungsinstrument. Beim Unimog kann es wahlweise an der Front angebaut oder auf die Ladefläche aufgebaut werden. Der Frontmäher erhält seine Kraft über die vordere Zapfwelle vom Hydraulikkreis des Fahrzeugs, die Axialkolbenpumpe leistet 45 kW! Mit ungeheurer Kraft geht das Schneidwerk dem Gras zu Leibe, andererseits darf die Kraft nicht sinnlos walten. Die Niveaumatik tastet deshalb das Bodenniveau ab und hält den Mähkopf im richtigen Abstand und die so genannte Schwebelage sorgt dafür, dass der Auflagendruck des Geräts auf den Boden nicht zu stark wird. Bis 6,70 Meter weit kann der Ausleger den Mähkopf strecken, natürlich auch am Hang. Das spezielle Parallelogramm, an der Stoßstange montiert, erlaubt ein seitliches Verschieben des Aggregats zur Erhöhung der Reichweite und es liegt auf der Hand, dass die Wechsellenkung des Unimog sich parallel dazu sehr bewährt. Wird für komplizierte Arbeiten ein zweiter Mann gebraucht, kann er sich an der – gegen Aufpreis – lieferbaren seitlichen Mähtür erfreuen, eine voll verglaste Beifahrertür mit bestem Blick auf den Böschungsmäher. Seit dem U 300 bis U 500 lässt sich die Mähtechnik mit dem Multifunktionshebel steuern, Gilbers Mähgeräte gab es aber auch schon für die vorherigen Baureihen des Unimog. Das Programm ist ausgefeilt, wer will, kann Astknacker, Wildkrautbürste, Bankettfräse, Sohlefräse und Lichtraumprofilfräse ordern und mit einem Fahrzeug praktisch alles Mähen, was am Wegesrand sprießt. Eine Absaugung direkt in den speziellen Anhänger schafft zudem Ordnung – Mähen ist hier System und funktioniert unter allen Umständen; auch unter Leitplanken und um Leitpfosten herum.

Tüftlerwerke

Aufbaumähgerät mit dem U 400 im Einsatz

Ein kräftiger Arm steuert das im Graben arbeitende Mähgerät.

■ Zwei Raritäten: Unimog (Triebkopf Baureihe 411) und ein zerstörter VW Karmann Ghia

Tüftlerwerke

Einsatzvariante eins: 24 Gasflaschen für einen Löschangriff mit CO2

Gloria

Feuerwehraufbauten

Die seit 1945 bestehenden Gloria-Werke an den westfälischen Standorten Wadersloh und Marienfeld befassen sich intensiv mit Teilgebieten des Brandschutzes, vom tragbaren Feuerlöscher über Löschanlagen für Objekte und Häuser bis zu Vorauslöschfahrzeugen und Löschcontainern. Über diese ist die Firma, die heute insgesamt rund 600 Mitarbeiter beschäftigt, wiederholt auch mit dem Unimog als Basisfahrzeug in Berührung gekommen. In jüngster Vergangenheit beeindruckten unter anderen zwei an die Firma Infracor im Industriepark Marl gelieferte Löschgeräte als Wechselaufbauten für einen beim Unimog inzwischen rar gewordenen Ruthmann-Hubwagen hinter dem Triebkopf des U 2100 T. Ein Hubwagen ist es deshalb, weil die Lösch-Aufbauten zum Absetzen unter Umständen angehoben werden müssen. Die Chemiefabrik platziert die Container bei gefahrenträchtigen Arbeiten am jeweiligen Gefahrenpunkt und kann jederzeit den Standort wechseln.

Einer der Aufbauten ist eine Pulver-Löschanlage. Der senkrecht stehende Löschmittelbehälter fasst 2000 Kilogramm Pulver und ist über eine Wartungsplattform gut zugänglich. Vier Flaschen mit Druckgas, platziert unter dem Behälter, liefern den Stoff, der das Pulver den beiden Schnellangriffseinrichtungen am Heck zutreibt – mit einem Druck von 150 bar. Buchstäblich der Dreh- und Angelpunkt des Einsatzes findet sich am Heck: Die Schlauchhaspeln (je 50 Meter Schlauch, elektrischer Antrieb) sind ausziehbar und schwenkbar, nachdem mit einem Handgriff die Transportsicherung gelöst wurde. Nach dem Ausschwenken wird das Gestell erneut arretiert. Bestückt sind die Schläuche mit je einer Pulverpistole, die fünf Kilogramm pro Sekunde fördert. Der zweite Aufbau hält in 24 Flaschen CO^2-Gas bereit, es dient zur Flutung von brennenden Räumen, denen auf diese Weise der Sauerstoff entzogen wird.

Einsatzvariante zwei auf dem Ruthmann-Hubwagen: Pulverlöschaufbau mit Schnellangriffseinrichtung am Heck

Tüftlerwerke

Mitfahrgelegenheit für den Müllwerker am Heck

Haller

Abfallsammelaufbauten

Der Name Haller hat heute in zweifacher Hinsicht einen guten Klang: Aktuell als renommierter Anbieter von Abfallsammelaufbauten für Lkw, in der Szene der historischen Nutzfahrzeuge als einst berühmter Hersteller von Tankwagen und zahlreichen Kommunalaufbauten. Schon 1871 wurde die Firma unter dem Namen „Fahrzeug u. Maschienfabrik Weygandt u. Klein" gegründet, die Aufbauten aus Stuttgart-Feuerbach haben später die ganze Lkw-Geschichte in Deutschland und dem benachbarten Ausland begleitet. Heute produziert Haller Umweltsysteme GmbH & Co., nachdem einige Turbulenzen überstanden sind, in Berlin Abfallsammelaufbauten und Sammel- und Transportsysteme. Der Unimog freilich kommt in der Geschichte des Hauses nur am Rande vor – dann aber spektakulär, wie einige Funde im Fotoarchiv von Haller zeigen.

Mit Anhängern und Aufliegern kannte man sich aus bei Haller, als für den ersten Unimog ein passendes System gesucht wurde. Deshalb versah man das Fahrgestell trotz be-

Eine Kippvorrichtung sorgte fürs Entleeren. Zugmaschine ist der Ur-Unimog

Tüftlerwerke

engter Platzverhältnisse mit einer Aufliegerkupplung, um so einen Müllsammelaufbau abzustützen. Auch für andere Arten von Aufliegern wurde die Idee verwirklicht, unter anderem als Fäkalien-Saugwagen und in Kombination mit einer Sinkkasten-Reinigungsanlage sowie als Wassertank mit Sprengeinrichtung. Gegenüber einem schweren Lastwagen der frühen fünfziger Jahre, die kaum größere Müllsammelaufbauten schultern konnten, hatte der Sattelschlepper den klaren Vorteil der besseren Wendigkeit. Den Nachteil seiner kleinen Kabine gedachte man mit zwei zusätzlichen Plätzen auf dem Auflieger in einem separaten Abteil auszugleichen. Im Aufbau sorgte eine Förderschnecke für Verdichtung, entleert wurde er über eine Kippvorrichtung. Von 1950 bis etwa 1954 befasste sich Haller intensiv mit der Idee – begonnen hatte man noch mit Boehringer-Fahrzeugen –, konnte aber nicht genügend Interessenten dafür gewinnen, sicher auch deshalb, weil eine Mehrfachnutzung des Unimog mit verschiedenen Aufliegern wegen des Dauereinsatzes eines Müllsammlers kaum in Frage kam. Den Vorteil der Wendigkeit sah die Branche im Laufe der Zeit auch bei kleineren Lastwagen. Kommunalaufbauten von Haller machten ihren Weg schon bald ohne den Unimog.

■ Die Alternative: Fäkalientank und Sinkkastenreiniger

■ Viel versprechende Idee: Unimog als Auflieger

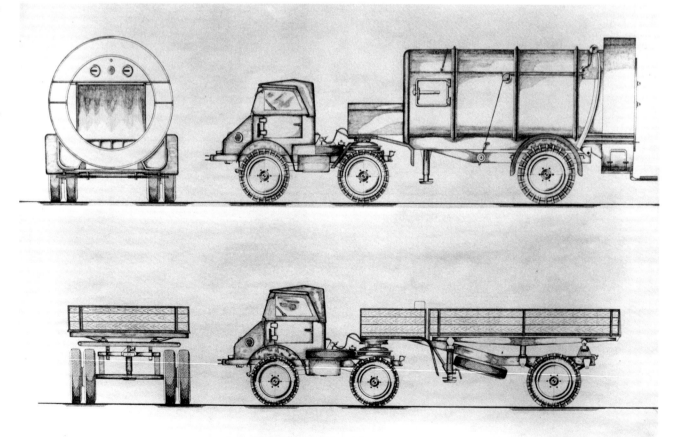

Hare

Anbaugeräte zur Straßenunterhaltung

Der kleine Betrieb für Maschinenbau und Fahrzeugtechnik im saarländischen Merzig hat sich einige spezielle Einsatzgebiete des Unimog ausgesucht, als er sein Programm für Kommunalgeräte entwickelte. Technisches Rückgrat ist der Werkzeugträger WT 400 zum Frontanbau mit einer maximalen Auslage von 3,40 Meter und einer maximalen Höhe von 3,90 Metern. Das leistungsfähige Gerät nimmt seine Kraft vom Trägerfahrzeug wahlweise hydrostatisch oder über Zapfwelle auf. Aus hauseigener Produktion stammen das Reinigungswerkzeug TW 07 und TW 06 und das Rammwerkzeug RW.

Letzteres bezeichnet der Hersteller als „schlagkräftiges Arbeitstier" – und das kann man wörtlich nehmen: Träger von Leitplanken, Pfähle oder Schildermasten lassen sich damit in den Boden rammen, selbst Beton ist da kein Hindernis. Das Rammwerkzeug funktioniert auch in der Waagerechten und schlägt den Gegenstand mit maximal 1200 Schlägen in der Minute ein. Der Arbeitsdruck beträgt rund 120 bar, maximal 175 bar. Mit einer Zugklammer als Zusatzwerkzeug lassen sich deformierte Pfosten heraus ziehen, so dass das Rammwerkzeug zu einem wichtigen Utensil für die Straßenunterhaltung geworden ist.

Das gilt ebenso für ein weiteres Standbein von Hare, die Waschgeräte. Das Universal-Reinigungswerkzeug TW 06 arbeitet mit nur einer Walze (Durchmesser 600 Millimeter) und wird häufig als Ergänzung zu einem auf der Ladefläche aufgebauten Tunnelwaschgerät verwendet. Von besonderer Leistungskraft ist das „New Jersey Teiler-Reinigungswerkzeug TW 07/2". Hier rotieren zwei Reinigungsbesen in verschiedenen Positionen. Spezielle Walzenführungen und drehmomentstarke hydraulische Antriebsmotoren ermöglichen wirkungsvolles und vielseitiges Reinigen, so zum Beispiel von Leitplanken und von Schallschutzwänden.

Hare hat sich mit seinen Geräten – es gibt außerdem mit Ast- und Heckenschere, Schlegelmähkopf und Wildkrautbesen einige Produkte für die Grünpflege – eine guten Namen gemacht und sich unter anderem einige spektakuläre Aufträge aus China und Russland sichern können.

Der Werkzeugträger von Hare (am Unimog rechts) trägt unter anderem ein Teiler-Reinigungswerkzeug mit zwei Walzen (links).

Tüftlerwerke

■ Einsatz auf russischen Straßen: Unimog mit Teiler-Reinigungswerkzeug auf der Autobahn...

■ ...und auf dem berühmten Roten Platz in Moskau

Iveco Magirus

Feuerwehraufbauten

Lange vor der Zeit der Kraftfahrzeuge stand der Markenname Magirus für Feuerwehrtechnik aus Deutschland. Conrad Dietrich Magirus, aktiver Feuerwehrmann in seiner Heimatstadt Ulm, gründete 1864 eine Feuerwehr-Requisitenfabrik. Jede Phase der Motorisierung bei der Feuerwehr begleitete Magirus, ab 1916 gab es auch Magirus-Lkw. Es entstand ein bedeutender Nutzfahrzeughersteller, dessen Ruf in der Szene historischer Lkw und Omnibusse noch heute nachhallt. Über mehrere Zwischenstufen kam die Firma 1980 zum italienischen Iveco-Verbund. Während bei den Lkw der Name Magirus aus der Nomenklatur gestrichen ist, firmiert die Sparte der Feuerwehrtechnik weiterhin mit dem Zusatz „Magirus". Die heutige Iveco Magirus Brandschutz GmbH hat Produktionsstätten in Ulm, Weisweil (früher Firma Bachert) und Görlitz.

Seit dem Typ 404 S hat Magirus immer wieder auf Unimog aufgebaut. Ein mit den Unimog-Baureihen vergleichbares Fahrzeug im eigenen Fertigungsprogramm gab es nicht, so dass das von Magirus gern benutzte (und auf dem Markt einmalige) Argument „Alles aus einer Hand" für wirklich geländegängige Fahrzeuge nicht galt. Weithin bekannt wurde eine zwischen 1965 und 1968 ausgelieferte Serie von 960 Exemplaren eines Tanklöschfahrzeuges (TLF 8) auf dem Unimog 404 S für das Bundesamt für Zivilen Bevölkerungsschutz.

Auch heute kommen Fahrzeuge auf die Straße, bei denen Mercedes-Stern und Magirus-Schriftzug friedlich vereint sind. So das Tanklöschfahrzeug zur Waldbrandbekämpfung (WTLF 16/40) auf Basis des U 2450L. Es hat die einfache Kabine und den bei dieser Baureihe am Schluss wahlweise verwendeten neuen Kühlergrill, in den Seitenwänden Schlagtüren statt Rollläden, der Pumpenraum ist nicht verkleidet und somit frei zugänglich. Der Wasserbehälter aus Edelstahl fasst 4000 Liter, die Pumpenleistung liegt bei 1600 Litern in der Minute. Geliefert wurde es nach Spanien.

214 PS und 4000 Liter Wasser stehen bereit: WTLF von Magirus auf U 2450

Unimog-Feuerwehr in Großserie: Magirus-Tanklöschaufbau und 404 S

■ Geballte Ladung: Unimog der Baureihe 403 beim Ausbringen von Pflanzenschutzmittel

Tüftlerwerke

■ Sicherer Stand: U 1200 bei Wartungsarbeiten an einem Mast

Kübler

Hubarbeitsbühnen

Unverzichtbar für Arbeiten an Strom- oder Lichtmasten, Ampelanlagen, Hausfassaden, unter hohen Hallendächern oder an Flugzeugen sind die auf Lastwagen montierten Hubarbeitsbühnen. Praktisch in der Nutzung und sicher in der Durchführung der Arbeiten tun sie vielfältig Dienst bei Stadtwerken, Straßenmeistereien, Energieunternehmen oder Industriedienstleistern. Oft genügt ein 7,5 Tonnen schwerer Kleinlastwagen als Basisfahrzeug, manchmal sogar ein Transporter als Kastenwagen. Wird es aber kompliziert, muss – wie immer – der Unimog ran. Masten aller Art stehen eben auch im freien Gelände oder an Bahngleisen – und die Arbeiten müssen genau so sicher ablaufen wie auf der festen Ebene.

Die Willi Kübler GmbH im schwäbischen Ilsfeld hat zwei Voraussetzungen für die optimale Kombination von Unimog und Hubarbeitsbühne erfüllt: Die Geräte sind in der Regel als Wechselaufbau ausgelegt, für die bei vielen Anwendern eher seltenen Fahrten mit Arbeitsbühne muss also nicht ein eigenes Fahrzeug vorgehalten werden. Zum anderen können die Hubarbeitsbühnen von Kübler auch die Neigung ausgleichen, wie sie im Gelände und auch auf Gleisen bei Kurvenfahrt vorkommt.

Bis 15 Grad Neigung gleichen Spezial-Klappstützen im Gelände aus, und zwar in Längs- und Querrichtung. Bei Zweiwege-Fahrzeugen, die ja auf den Gleisen fest stehen, geschieht der Neigungsausgleich über das Teleskop unmittelbar unterhalb der Arbeitsbühne. Gerade in engen Gleisbögen kann die Neigung innerhalb der Schienen zum Problem werden. Denn schließlich sind oben auf der Bühne komplizierte Arbeiten durchzuführen.

Hubarbeitsbühnen gibt es in Gelenkarm- und Teleskoparmausführung. Beide erreichen mit den für den Unimog geeigneten Geräten Plattformhöhen (über dem Boden) von rund 15 Metern, für die Arbeitshöhe wird mit zwei Metern mehr kalkuliert. Keine Frage, beim Arbeiten in luftiger Höhe geht es bei jedem Handgriff um das Thema Sicherheit. Deshalb spielt die Abstützung eine so große Rolle, bei Arbeiten an Strommasten die Isolation (gesichert gegen 1000 Volt) und die Notfalleinrichtung im Falle einer Störung. Bewegt wird die Hubarbeitsbühne hydraulisch. Fällt das Hydraulik- oder das Elektrosystem der Steuerung aus, kann die Bühne über separate Steuerkreise mit eigener Ölversorgung und einer Handpumpe herunter gelassen werden. Übrigens erfordern die Transportstrecken kundige Fahrer, die Hubarbeitsbühnen erreichen auch „zusammengefaltet" mit dem Fahrzeug immer noch eine Höhe von 3,5 Metern.

■ Tragfähig: Teleskoparbeitsbühne für Oberleitungsarbeiten (Tragfähigkeit 1000 Kilogramm) auf einem U 1650 aus dem Jahre 2001.

■ Spezialanwendung: Hubarbeitsbühne von Kübler für den Untertagebau aus dem Jahre 1984, montiert auf einem Unimog U 406.

Tüftlerwerke

Meiller

Kipper und Ladekrane

Als einer der weltweit tätigen Hersteller von Baustellenkippern hat die F. X. Meiller Fahrzeug- und Maschinenfabrik in München relativ selten Unimog auf den Hof bekommen – einfach deshalb, weil der Unimog im Transporteinsatz eher als Zugmaschine denn als unmittelbarer Lastenträger eingesetzt wird. Dennoch gab es Unimog mit Meiller-Kipper, meist bei den schweren Baureihen auf dem längsten verfügbaren Radstand. Die Vielseitigkeit des Unimog-Einsatzes bringt es eben mit sich, dass überall Nischen zu finden sind – etwa Bauarbeiten in extrem schwierigem Gelände oder in Wasserschutzgebieten, für die der Unimog besonders ausgerüstet werden kann. Hydraulisch angetriebene Meiller-Kipper zeichneten sich immer durch Robustheit und technische Innovation aus, ihre Entwicklung zieht sich wie ein roter Faden durch die Geschichte von Meiller. Im Jahr 2000 konnte der Hersteller sein 150-jähriges Bestehen feiern. Die ersten Kipper hatte es schon Ende des 19. Jahrhunderts gegeben!

Für einige Jahre pflegte Meiller ein weiteres Standbein, das dem Unimog-Einsatz weit mehr entsprach als die Kipper. Ladekräne gehörten von 1957 bis 1998 zum Programm und die wurden relativ häufig am Unimog angebaut, oft versehen mit Baggerköpfen und anderen Baugeräten. Ab 1960 konnten Polyp- und Mehrschalengreifer mit den Kränen kombiniert werden, so dass der klassische Baustelleneinsatz nun möglich war. Die beengten Raumverhältnisse vieler Baustellen und Bauarbeiten innerhalb des kommunalen Dienstes sorgten für die Nachfrage nach den kompakten und flexiblen kleinen Kränen hinter dem Fahrerhaus. Die Kräne stellten durchaus eine sinnvolle Ergänzung der hydraulischen Kipper dar. Jene blieben aber immer das zentrale Produkt bei Meiller. Konzentration auf das Kerngeschäft war die Erklärung der Firma, sich 1998 aus dem dicht besetzten Markt der Anbaukräne zurück zu ziehen. Unimog mit Meiller-Ladekränen werden aber auf lange Zeit noch zahlreich im Einsatz sein.

Meiller-Anbaukran für die Baustelle am Unimog aus dem Jahre 1979

Tüftlerwerke

Einer der seltenen Kipper für den Unimog, hier aus dem Jahre 1986

Messepräsentation für Unimog und Meiller

101

■ Exakt ausbalanciert steuert der Ausleger die Mulag-Mähgeräte

Tüftlerwerke

Ein Unimog der Baureihe U 403 – offenbar ein Werkswagen – mit nicht absaugendem Böschungsmäher (1973)

Als der Unimog noch fremde Kraft benötigte: Baureihe U 403 mit absaugendem Böschungsmähgerät, das ein VW-Motor antreibt – Jahrgang 1973

Mulag

Mähgeräte und Waschgeräte

Es hätte nicht viel gefehlt und in den heutigen Mulag Fahrzeugwerken GmbH u. Co. KG aus Oppenau im Schwarzwald wäre ein respektabler Konkurrent der Unimog-Sparte von Mercedes-Benz entstanden. Als Heinz Wössner und Bertha Huber am 1. August 1953 die Firma „Huber & Wössner" in Bad Peterstal gründeten, waren sie auf dem besten Wege dorthin. Sie konzentrierten sich auf landwirtschaftliches Gerät und schon bald auf die Entwicklung von Fahrzeugen. Das Mulag (Motor-Universal-Lasten-Arbeitsgerät) gab der Firma später ihren Namen. Zunächst handelte es sich um ein Dreirad, dann um einen Transporter mit vier Rädern ohne Kabine und ab 1959 um ein komplettes Fahrzeug. Schon die Namensgebung erinnerte an den Unimog, allerdings war der Mulag von Anfang an mehr ein Transportfahrzeug als ein Geräteträger. Umsatzrückgang in der Landwirtschaft ließ Mulag nach neuen Geschäftsfeldern suchen. Man wurde fündig in den bis heute produzierten Servicefahrzeugen für den Flughafenbereich, mit Forstgeräten und Straßenbaumaschinen und ab 1973 schließlich in dem Mähprogramm, das dem Unimog auf den Leib geschnitten ist.

Die Unimog-Baureihen der frühen siebziger Jahre, U 403 und U 413, waren noch nicht PS-stark genug, um ein Mähgerät anzutreiben. Deshalb hatten die ersten Böschungsmäher von Mulag einen VW-Industriemotor als Antriebsquelle. Erst mit der Unimog-Reihe U 425 und U 425 ab dem Jahre 1974 versorgte das Trägerfahrzeug das Mähgerät mit Kraft. Als einfach erwies es sich nicht, Mähkopf, Ausleger und Saugschlauch zur nötigen Festigkeit zu verhelfen. 1973 waren die Böschungsmäher dann serienreif. Von Anfang an kombinierte Mulag das Mähgerät mit einem Ladewagen, in den das Mähgut gesaugt wurde, bis heute eine Spezialität der Schwarzwälder. Das Mähkonzept konsequent durchdacht führte zu einer weiteren Neuerung in der Branche: die spezielle Kabinentür zur besseren Überwachung der Mäharbeiten. Große, seitlich ausladende Fenster und ein Bedienpult kennzeichnen sie bis heute. Für die kleinere Unimog-Reihe U 403 und U 413 baute Mulag sogar im Auftrag von Daimler-Benz eine Kabine mit erhöhtem Dach, um bessere Sichtverhältnisse und mehr Komfort zu schaffen. Auf lange Sicht und bis heute war mit dem Mähprogramm am Unimog ein festes Standbein geschaffen. Die heute in Oppenau residierende Firma ist außerdem weiterhin stark im Bereich der Flugfeldfahrzeuge engagiert. 180 Menschen arbeiten derzeit bei Mulag, viele von ihnen sind mit Entwicklung und Fertigung des hochaktuellen Mähprogramms befasst, das seit dem Jahr 2000 wiederum neue Maßstäbe gesetzt hat.

Das Zauberwort heißt Triomäher. Als Systempartner in Sachen Mähtechnik brachte Mulag diese epochale Neuerung für die neue Baureihe U 300 bis U 500. Wie ein vielbeiniges Tier schreitet der damit bestückte Unimog Randstreifen und Böschungen ab, drei Mähwerke sind aufeinander abgestimmt und bearbeiten gleichzeitig das Grün. Vorn ist die Mähkombination MKM 700 (Frontausleger mit Randstreifenmähgerät und Auslegermähgerät), hinten auf der Ladefläche das Heckausleger-Mähgerät MHU 800 montiert. Dessen Teleskopausleger kann bis 8700 Millimeter Entfernung überwinden, der Frontauslegermäher schafft maximal 7200 Millimeter, so dass mit dem am unmittelbar am Straßenrand laufenden Randstreifenmäher (mit Tastautomatik zum Umfahren von Leitpfosten) eine breite Mähfläche entsteht. Automatische Geländeabtastung

Tüftlerwerke

Großeinsatz: Autobahnmeisterei mit drei Zügen

und Entlastung des Auslegers (Mähtronic) perfektionieren den Einsatz. Der Triomäher wird mit zwei Straßenwärtern besetzt, für die zwei vorderen Mähgeräte allein genügt ein Bediener. Angetrieben werden die Mäher über die Zapfwelle oder die Fahrzeughydraulik. Dank der modernen Datenübertragung im Fahrzeug über CAN-Bus (Controller-Area-Network) hat sich die Bedienung stark vereinfacht und ist per Joystick möglich.

Fünf Mähköpfe, vier Gehölzpflegegeräte, drei Räumgeräte und Erdbohrgeräte, vier Bürstensysteme und drei Wasserwirtschaftsgeräte bilden das ausgeklügelte Mähprogramm von Mulag, am Unimog gibt es außerdem das Frontausleger-Waschgerät für Tunnelwände und die Ladeanhänger für das Mähgut – wahrlich eine vollständige Ergänzung der Unimog-Fähigkeiten auf diesem Gebiet.

Die Neuzeit: Triomäher bei der Arbeit

Komplett: Baureihe 435 (U 1700) mit absaugendem Mähgerät und Ladewagen

105

Transportstellung:
U 2150 mit Rundspaten-
maschine

Opitz

Baumverpflanzungsmaschinen

Die Welt des Unimog kennt alle Extreme. Erreicht der eine Gerätehersteller mit seinem Beitrag zum Unimog die Top-Größe seines Sortiments, so registriert ein anderer selbst den schweren Unimog als kleinste, gerade noch realisierbare Lösung am unteren Rand seiner Aktivitäten. Ein solcher ist die Opitz GmbH im bayerischen Thalmässing. Sie hat sich einer Nische in der Nische der Landschaftspflege verschrieben und betreibt Baumverpflanzungen im großen Stil. Wenn es sein muss, rollt dazu ein fünfachsiger Tatra an. Geländegängig müssen die Basisfahrzeuge aus nahe liegenden Gründen sein, und so ist es gut, dass die kleinste der Rundspaten-Maschinen auf den großen Unimog passt – so weit sie als Lkw-Aufbau gedacht sind. Noch kleinere werden an Radlader und Traktoren angebaut.

Eine Rundspatenmaschine umschließt zunächst den Baumstamm, gräbt dann von allen Seiten in die Erde, zieht Baum und Ballen aus der Erde und hebt das Ganze in einer Drehbewegung auf das Fahrzeug. Montiert ist sie am Heck, die Größe des Basisfahrzeuges richtet sich allein nach dem Gewicht von Baum und Maschine und der Länge des verpflanzten Baumes. Im Falle des Unimog sind 4,5 Tonnen an Leergewicht der Maschine zu tragen. Der Baum kann über die gesamte Fahrzeuglänge gelegt werden, als Spezialtransport aber auch aufrecht befördert werden. Die Rundspatenmaschine für den großen Unimog ist in der Lage, einen Ballen im Durchmesser von 170 Zentimeter zu umfassen und 100 Zentimeter tief in die Erde zu greifen – die größten Ausführungen auf Lkw schaffen einen Ballen von 300 Zentimetern und eine Aushubtiefe von maximal 160 Zentimetern. Sorgfältige Vor- und Nacharbeiten gehören ebenfalls zur ordentlichen Baumverpflanzung. Die Firma Opitz baut die Maschine nicht nur, sie setzt einige davon über einen eigenen Dienstleistungsbetrieb auch ein. Über 30 Jahre funktioniert das schon, in dieser Zeit wurden nicht weniger als eine Million Bäume verpflanzt.

Tüftlerwerke

■ Kompakte Maße: U 406 für Baumverpflanzungen

■ Auf geht´s zum neuen Standort: Der Baum ist ausgepflanzt

■ **Lokzug:** Dem Unimog ist (fast) nichts zu schwer, auch hier kommt er voran!

Tüftlerwerke

Rosenbauer

Feuerwehraufbauten

Dieser Name hat einen besonderen Klang in der Welt der Feuerwehrfahrzeuge: Rosenbauer International AG. Vielen fallen dabei zuerst die spektukulären, vierachsigen Flugfeldlöschfahrzeuge Simba oder Panther ein, die, von 1000 PS befeuert, in 25 Sekunden auf Tempo 80 kommen. Aber auch unterhalb davon ist das Programm von Rosenbauer aus Leonding bei Linz in Österreich auf optimale Leistungen ausgerichtet und im Einzelnen hoch interessant, nicht zuletzt auch dank Sonderaufbauten auf verschiedenen Generationen von Unimog. Konrad Rosenbauer gründete seine Feuerlöschgeräte- und Spritzenfabrik im Jahre 1866 und kam wie andere Pioniere der Branche über einfache Löschgeräte zum kompletten Feuerwehraufbau. Seit den 1960er-Jahren ist Rosenbauer stark exportorientiert. Heute hat der international agierende Konzern in Karlsruhe (ehemals Metz) und Luckenwalde (früher FLG) auch zwei Produktionsstätten in Deutschland.

Die Verwendung des Unimog bei der Feuerwehr nahm mit größeren Fahrzeugmaßen und steigender Geländetauglichkeit kontinuierlich zu. Der 404 S machte den Anfang, dann war es lange die Baureihe 416. Ein Tanklöschfahrzeug von Rosenbauer auf dem Chassis mit serienmäßiger Doppelkabine konnte 1000 Liter Wasser und 100 Liter Schaummittel aufnehmen. Die Kreiselpumpe im Heck lief über den Nebenabtrieb, Schlauchfächer und andere Löschutensilien hatten auf dem Aufbau Platz. Viele dieser Unimog erhielten eine Vorbau-Seilwinde und kamen in ländlichen Regionen zum Einsatz. Auch auf städtischem Terrain, wo es ebenfalls schlecht zugängliche Einsatzorte gibt, hat sich Unimog bewährt, zum Beispiel als Rüstlöschfahrzeug, geeignet für den Erstangriff (Hochdruckpumpe, Atemschutzgeräte) und für technische Hilfeleistung. Solche Fahrzeuge kamen unter anderen in den 1990er Jahren auf Basis des U 1650 L bei Rosenbauer zur Auslieferung.

Die vorrangige Feuerwehr-Disziplin des Unimog, die Waldbrandbekämpfung, fand bei Rosenbauer kontinuierlich Beachtung. Bei einem jüngeren Fahrzeug dieser Art auf dem U 1450 verwendete der Hersteller das serienmäßige Fahrerhaus (Platz für Fahrer und zwei weitere Feuerwehrleute) und richtete am Heck zwei offene Plätze mit Sitzen, Plattform und Geländer ein, unmittelbar an den Nebelpistolenstrahlrohren für den Löscheinsatz. Dieser Unimog nahm 1700 Liter Wasser mit zum Einsatz.

Aufsehen erregte Rosenbauer mit den Aufträgen für zwei Einsatzfahrzeuge auf dem Fahrgestell des Geräteträgers, rechnete man im Jahre 2003 doch in der Regel mit hochgeländegängigen Basisfahrzeugen für die Feuerwehr. Es blieb hier bei der Serienkabine, dahinter ist der Stahlaufbau mit Alu-Verblechung montiert. Die Tanklöschfahrzeuge sind beides U 500, in einem Falle 231 PS, im anderen 280 PS stark. Ein Exemplar ging nach Spanien und verfügt über Dachwerfer, Hochdruckpumpe und einen Wassertank für 4000 Liter, das andere, für Kroatien bestimmte, ist insgesamt kleiner dimensioniert, obwohl auch hier das lange Fahrgestell verwendet wird.

Feuerwehr-Unimog in Gelb: Baureihe U 416 in Südafrika

Tüftlerwerke

■ Flott unterwegs in unwegsamem Gelände: Unimog der Baureihe 416 in Südafrika

■ Löschen und Bergen als Erste Hilfe: Rüstlöschfahrzeug auf U 1650 L

111

Tüftlerwerke

Fertig zum Abrollen der Ladung: Ruthmann-Hubwagen hinter einem Triebkopf des Unimog 411

Arbeitshilfe auch im Gelände: Unimog aus der Baureihe 416

Ruthmann

Hubwagen, Steiger

Dem Praktiker fällt immer etwas ein. Anton Ruthmann hatte schon mit der Herstellung von landwirtschaftlichen Geräten, Sackkarren und Handwagen Erfahrungen gesammelt, verstand es außerdem zusammen mit seiner Frau Clara, ein Hotel zu führen, hatte im Zweiten Weltkrieg im Auftrag der Behörden Patronenhülsen fertigen müssen – und nun die Hubwagen. Anlass waren im Bahnbetrieb auftretende Schwierigkeiten beim Auf- und Abladen der Kleinbehälter. Um den Höhenunterschied zwischen Bahnsteig und Waggon zu überwinden, baute Anton Ruthmann einen Bahnsteig-Hubwagen als Handkarren. Mittels Seilzug ließ sich die Höhe der Plattform verändern. Das war 1949 und nur ein Jahr später stand bei der Ausstellung „Straße und Schiene" in Essen der erste Niederflurhubwagen als Lieferwagen auf den Rädern. Es begann eine Erfolgsgeschichte, die bis heute andauert und die der Unimog in den 1950er- und 1960er-Jahren stark mitgeprägt hat. Das lag an der Verfügbarkeit des Unimog als Triebkopf. Einen anderen Grund, aus dem Unimog einen Speditionslastwagen zu machen, gab es nie. Der Unimog erlaubte es aber, hinter dem Triebkopf die hauseigene Konstruktion des Hubwagens zu montieren.

Heute werden zumeist Sonderanfertigungen von Lkw-Fahrgestellen aus der Großserie oder Triebköpfe moderner Transporter verwendet, so dass kaum noch Unimog als Hubwagen entstehen. Hydraulisch ließ sich die Ladefläche auf rund 1500 Millimeter Höhe anheben. Dabei machte das Fahrgestell einen „Buckel", die Hinterradaufhängungen und die Verstrebungen zum Triebkopf bilden ein Dreieck, was den Ruthmann-Unimog (es gab ähnliche Aufbauten auch von Eylert und Wumag) bei hoch gefahrener Ladefläche ein kurioses Erscheinungsbild verlieh. Ein weiterer Vorteil: die Ladeeinheiten ließen sich absetzen, es handelte sich also um eine frühe Form des Containerverkehrs. Sehr viele dieser Fahrzeuge liefen bei Post und Bahn.

Das zweite Standbein der schon über 100 Jahre alten Firma Anton Ruthmann GmbH & Co. KG sind die Steiger genannten Hubarbeitsbühnen. Es begann 1960 mit dem Universalsteiger US 210, die erreichbaren Arbeitshöhen für Basisfahrzeuge in der Unimog-Größe sind seit den 1960er Jahren von rund 13 auf heute 32 Meter angestiegen. Einsätze in luftiger Höhe kommen auch abseits befestigter Straßen vor, so dass hier der Unimog bis heute ein Einsatzfeld hat.

Tüftlerwerke

Frühe Wechselbehälter: Die Hubwagentechnik eröffnete neue Möglichkeiten.

Bis heute ein Unimog-Thema sind die modernen Steiger von Ruthmann.

■ Dem hohem Druck gibt jeder Schmutz nach – hier eine Reinigungseinheit von Leistikow im Einsatz

Tüftlerwerke

Schmidt

Geräte der Grünpflege, Kehrmaschinen, Winterdienstmaschinen

Hier hat die Symbiose schlechthin statt gefunden: Die in der Branche der Kommunaltechnik legendäre Firma Schmidt Winterdienst und Kommunaltechnik GmbH aus St. Blasien im Südschwarzwald brauchte den Unimog zum Leben wie dieser das Anbauprogramm von Schmidt. Natürlich gilt das heute ähnlich auch für andere Gerätehersteller, in einer Beziehung aber ist Schmidt unbestritten die Nummer eins: Man war der Erste. Dabei wird es seiner Zeit den Verantwortlichen bei Boehringer in Göppingen nicht unbedingt klar gewesen sein, wie wichtig die Kommunalgeräte später einmal werden würden, hatten sie ihren Unimog doch mehr auf die Landwirtschaft ausgerichtet. Schmidt dagegen hatte schon 1925 seinen ersten Schneepflug, einen Keilpflug aus Holz, gebaut und vor einen Lkw gespannt. Bis dato wurden die Pflüge von Pferden oder Ochsen gezogen. Erste Erfolge waren seinerzeit nicht ausgeblieben, 1938 erreichte der neue Seiten-Schneepflug von Schmidt sogar die Auszeichnung als Norm-Pflug für Deutschland. Nur das ideale Basisfahrzeug war noch nicht gefunden, schwere Lastwagen oder Baumaschinen, vielleicht auch einmal ein Traktor, trugen die Schneepflüge, keiner konnte es perfekt.

▪ Fahrerprobung: Wasserdüsen für die Straßenreinigung

▪ Wie arbeitet der Bodenpflug? Der Ingenieur schaut genau hin.

Tüftlerwerke

■ Per Handrad auf die richtige Höhe eingestellt und hurtig bewegt: Keilschneepflug aus der frühen Zeit

■ Überdachung für Gerät und Kabine: Fräse am ersten Unimog

Tüftlerwerke

Aus der Anfangszeit: Zweimannbetrieb beim Böschungsmähen

Als Alfred Schmidt im Jahre 1950 vom Unimog hörte, erkannte er gleich die Chance. Sein im Jahre 1920 gegründeter Betrieb, ursprünglich eine Auto-Werkstatt mit Garagenanlage, war nach Kriegsereignissen und weit gehender Demontage nur mühsam wieder auf die Beine gekommen, zwölf statt wie 1944 noch 100 Leute arbeiteten wieder in St. Blasien. Der Unimog eröffnete dem Pionier der Kommunaltechnik nun neue Perspektiven. Allererster Schritt war ein neuer, kleinerer, auf den Unimog abgestimmter Schneepflug sowie ein Gerät zur Straßenunterhaltung, nämlich ein Erdschieber- und Profiliergerät. So begann eine lange gemeinsame und erfolgreiche Geschichte, bei der man heute nicht mehr genau sagen kann, wer wen groß gemacht hat – Schmidt den Unimog als Kommunalfahrzeug oder der Unimog die Schwarzwälder Spezialfirma.

Die Entwicklung neuer Geräte lief in der Anfangszeit des Unimog offenbar ganz anders ab als heute. Weniger die finanzielle Kalkulation jedes Entwicklungsschritts, die wissenschaftlich gestützte Erprobung des Materials oder die Möglichkeiten optimaler Produktionsabläufe beschäftigten die Ingenieure in den 1950er-Jahren als vielmehr die Methode, das angestrebte Ziel über praktische Versuche und de-

Tüftlerwerke

Gewagte Konstruktion: Raupenunimog für die Wüste mit „Kettenprofilreifen"

Selbst aufnehmend auf mechanischem Wege – der erste Schritt zur effektiven Kehrmaschine auf dem Unimog

Tüftlerwerke

Das Maximum: Großer Unimog und Schneefräse mit eigenem Motor

ren Erfolg oder Misserfolg zu erreichen. In der Chronik von Schmidt gibt es einige aus heutiger Sicht kurios wirkende Beispiele. Aber damals galt: Man weiß nur, was man selbst ausprobiert hat. Die an anderer Stelle schon beschriebene Schneefräse auf dem ersten Unimog mit der abenteuerlichen Führung der Antriebswelle durch Kabine und Windschutzscheibe zählt dazu, aber auch diese Kombination: Ein Lkw hat eine Bankettfräse vorgespannt und zieht ein Förderband samt Kehrwalze. Die Walze soll das aufgerissene Gut einsammeln und dem Förderband zuführen, das es dann auf die Ladefläche des Lkw bringt. Dazu braucht sie einen Antrieb. Den steuert der Unimog bei, indem er, per Welle an die Kehrwalze angeschlossen, genau im passenden Abstand dem eigentümlichen Gespann folgt.

Die Berufsgenossenschaft von heute würde Großalarm auslösen, stünden immer noch Straßenwärter auf der Ladefläche mitten im Streugut, um den Streuer zu befüllen. Und das passenderweise auf einem Unimog mit Stoffverdeck, so dass bei einem plötzlichen Bremsmanöver nicht nur der Mann auf der Pritsche nach vorn schleudern, sondern auch der Fahrer durch den von hinten vermutlich durch das Verdeck stürzenden Kollegen gefährdet würde. Oder der Versuch, dem Unimog einen Kettenantrieb für die Wüste zu verpassen, der Einfachheit halber ohne echtes Kettenlaufwerk, sondern mit äußerst grobstolligen Reifen, die in die Kettenglieder greifen und so die Kraft übertragen sollten. In Tunesien wurde es ausprobiert, gehört hat man dann nie mehr davon.

Nun hätte Schmidt nie zur heutigen Bedeutung gefunden, wenn man sich beim Tüfteln nur in Sackgassen begeben hätte. Mit Erfahrung und mehr und mehr mit System entstand die heutige Palette. Großen Wert legte man dabei auf praktische Anbaumöglichkeiten und auf die Kraftübertragung. Anfangs blieb es dem Straßenwärter nicht erspart, den Schneepflug in der seitlichen Richtung außen per Hand durch einfaches Zupacken zu verstellen, selbst für die Höheneinstellung stand nicht mehr als ein Handrad bereit. Erster Fortschritt war das Anheben per Luftdruck, bis end-

Tüftlerwerke

■ Kompakt und kräftig: Kehrmaschine in den achtziger Jahren auf Unimog 1000

■ Gefühlvoll und gründlich: Leitpfostenwaschanlage am U 1000

Tüftlerwerke

An diesem U 500 läuft die Schneefräse VF 26Z, prädestiniert für Frontal- und Randwallräumung.

lich eine Fahrzeughydraulik realisiert war. Die erste Anbauplatte für die Frontgeräte, ein Patent von Schmidt, war groß, schwer und unhandlich und ließ sich nur in der betriebseigenen Werkstatt über das Lösen mehrerer Schrauben entfernen. Bald trat an ihre Stelle die heute noch gebräuchliche kleine, genormte und fest montierte Platte, die am Fahrzeug bleibt und mit einem Schnellwechselsystem kombiniert ist. Als der Unimog noch mit dem schmalbrüstigen Benzinmotor auskommen musste, ließ sich bei ihm keine Kraft abzapfen. Die ersten Streuer liefen noch mit separaten Elektromotoren. Bei ausreichender PS-Leistung konnte die Zapfwelle in Aktion treten, später die Fahrzeughydraulik und dann auch der hydrostatische Antrieb für Fahrzeug und Gerät. So gingen Entwicklung von Unimog und Gerät Hand in Hand, jede neue Unimog-Generation, jede frisch erreichte PS-Klasse, eröffneten neue Möglichkeiten für die Geräte. Im Rahmen der Systempartnerschaft ist Schmidt offizieller Partner für den Winterdienst. Vier verschiedene Grundbauarten von Schneepflügen für jeden Härtegrad des Winterdienstes, vier Schneeräumgeräte (Fräsen und Schleudern) und Streuer in Unimog-Größe sind der Kern dieser Vereinbarung.

Statt wie einst mechanisch über ein Förderband transportiert beim Kehraufbau SK 350 und SK 370 für Unimog U 300 und U 400 heute ein Gebläse das Kehrgut, mit einer Ansaugleistung von 12.000 Kubikmetern Luft in der Stunde. Selbstverständlich sind beide Kehraufbauten mit Wechseltechnik versehen. Auf Wunsch kann auf beiden Seiten eine Besenleitung angebracht werden.

Am Frontausleger mit höchst sensibler Steuerung arbeiten Mähgeräte genau wie auch Leitpfostenwaschmaschinen oder Tunnelwaschanlagen, Hochleistungsschneefräsen laufen an der Zapfwelle. Wie eine Revue der Unimog-Vielseitigkeit liest sich der umfangreiche Schmidt-Katalog – und das von Anfang an. Heute arbeiten unter dem Dach der Schmidt Holding rund 1100 Menschen, in Deutschland, den Niederlanden, Italien und Polen, rund 340 von ihnen am Stammsitz in St. Blasien.

Tüftlerwerke

Frontkraftheber am U 406

Erst der Frontkraftheber macht den landwirtschaftlich genutzten Unimog komplett.

Schwendner

Frontkraftheber, Heckkraftheber und Zapfwellen

Auch die Spezialisten brauchen Spezialisten. Die ganze Palette von Unimog-Anbaugeräten wäre nutzlos ohne die entscheidenden Verbindungsstücke zwischen Gerät und Fahrzeug. Nicht jeder Gerätehersteller baut sie selbst. Deshalb hat DaimlerChrysler in den Kreis seiner Systempartner auch eine Firma wie Maschinenbau Schwendner aus Stulln in der Oberpfalz aufgenommen, die auf den ersten Blick eher unscheinbare, aber doch unverzichtbare Bausteine für den Unimog-Einsatz herstellt: Frontkraftheber, Heckkraftheber und eine Heckzapfwelle.

Damit hat der 1964 gegründete Familienbetrieb, der heute von Gerhard Schwendner geleitet wird, reichlich Erfahrung. Schon für den U 421 und U 406 gab es Frontkraftheber des Hauses, seinerzeit noch nicht so Platz sparend und leistungsstark ausgelegt wie heute.

Der Frontkraftheber hat die Aufgabe, das Gerät in Transport- oder in Arbeitsstellung zu bringen. Die seinerzeit für die Baureihen 427 und 437 gebauten Frontkraft-

Leistungsfähige Einheit: Heckkraftheber und Heckzapfwelle von Schwendner

heber hatten einen Zylinder, die der neuen Generation dagegen zwei. Sie bieten eine Hubkraft von 1500 (für den U 300) oder 1800 bis 2500 Kilogramm (für U 400 und U 500), wobei das Gerät selbst lediglich 140 Kilogramm wiegt. Zwischen 155 und 890 Milllimeter (die maximale Höhe über dem Boden hängt von der montierten Reifengröße ab) heben die zwei doppelt wirkenden (ziehend und drückend) Hubzylinder ihre Last an. Angeschlossen wird der Heber an der Frontanbauplatte Größe 3, seine Kraft bezieht er von der Fahrzeughydraulik. Ähnlich verhält es sich mit dem Heckkraftheber, er verfügt allerdings über eine größere Hubkraft, maximal 4500 Kilogramm. Für den Heckanbau hat Schwendner außerdem eine Zapfwelle entwickelt. Sie ist hydrostatisch angetrieben, dreht wahlweise rund 450 oder 1000 mal in der Minute und leistet gut 62 PS, „abgezweigt" aus der Fahrzeughydraulik. Und noch eine Spezialität hat Schwendner für den Unimog parat: Kugelkopf-Anhängeböcke ermöglichen den Einsatz niedrig gebauter Anhänger – dies auch dann, wenn ein Heckkraftheber am Unimog installiert ist.

Zeitzeuge: Der Museums-Unimog von Zagro hat hinten Spurschlitten und vorn Spurkranzräder montiert.

Zagro Bahn- und Baumaschinen GmbH

Schienenfahrsysteme

Abseits der Straße lief der Unimog von Anfang an. Ab den sechziger Jahren, als er zur nötigen PS-Stärke gefunden hatte, bekam dieser Begriff eine ganz neue Bedeutung: Abseits der Straße hieß nun nicht allein im Gelände, sondern auch auf Bahngleisen, sozusagen auf einem zweiten Weg der Fortbewegung. Ein spektakulärer Einsatz für den Unimog war geschaffen, der seitdem in der breiten Öffentlichkeit immer wieder große Beachtung findet.

Die Zagro Bahn- und Baumaschinen GmbH im schwäbischen Bad Rappenau ist einer der wenigen Spezialisten auf dem Gebiet der Zweiwegefahrzeuge. Die 1969 von Werner Zappel gegründete Firma kam durch die Übernahme des Zweiweg-Pioniers Ries aus Bruchsal zum Thema und ist seitdem mit ständigen Weiterentwicklungen dabei – sehr oft auf Basis des Unimog, der seine Zugkraft, Übersichtlichkeit und Mehrfachnutzung auf Schiene und Straße hier voll ausspielen kann. Zagro ist heute ein Systempartner von DaimlerChrysler für Zweiwege-Fahrzeuge. Schneeräumung, Kehr- und Grünarbeiten, wie sie auch entlang der Straße vorkommen, sowie Rangieraufgaben bis zum Ziehen ganzer Güterzüge sind das weite Aufgabenfeld dieser ganz speziellen Unimog.

Der entscheidende Punkt der Umwandlung stellt die Kraftübertragung auf die Schiene dar. Erste Versuche mit Vollgummirädern und innen eingelassenen Stahlspurkränzen klappten durchaus, erreichten aber schnell Grenzen der Haftung, obwohl der Unimog mit seiner Spurbreite der Eisenbahn-Normalspur (1435 Millimeter) ohne Umbau nahe kommt. Heute gelangt die Kraft immer noch per Unimog-Rad auf die Schienen, wobei Zagro es an die Zusatzachse mit den an der Schiene sitzenden Spurkranzrädern drückt. Für viele Einsatzzwecke genügt die Kraftübertragung des

Zagro-Umbau: Dreiachser U 400 für eine Gleisbaufirma. Der Eisenbahn-Spezialkran wird auch für Arbeiten an der Oberleitung verwendet.

Tüftlerwerke

Aufgegleist ist ein Zweiwege-Unimog schnell

Rangier-Unimog erhalten eine Waggon-Bremsanlage

Unimog, möglich ist aber auch hydrostatischer Schienenantrieb, der vom Fahrzeugmotor mit Kraft versorgt wird. In diesem Falle werden die Fahrzeugachsen während des Schienenbetriebes angehoben. Auf freier Bahnstrecke kollidiert das Fahrzeug auf diese Weise nicht mit bahntechnischen Anlagen neben den Gleisen.

Die zweite Kernfrage dreht sich um die Spurführung. Hier setzte man zunächst auf Spurscheiben oder Spurschlitten, die hinter den Fahrzeugrädern liefen. Heute sind Spurkranzräder, beim Unimog meist vor der Vorderachse und hinter der Hinterachse in einem Wechselsystem für den ganzen Schienenantrieb montiert. Die Spurkranzräder unterscheiden sich je nach Schienenart, etwa für Straßenbahn (Rillenschienen) oder Eisenbahn.

Die Umbauten von Zagro umfassen weit gehende Schritte wie zum Beispiel eine zweite Hinterachse oder die Doppelkabine für die neue Baureihe U 300 bis U 500 – ab Werk nicht lieferbar – bis zur für den Rangierbetrieb vorgeschriebenen Waggon-Bremsanlage. Speziallösungen, mit hohem Aufwand umgesetzt, bewähren sich in einer kompliziert ablaufenden Praxis, weil die Umrüstzeiten kurz und die Mobilität hoch sind – und das alles auf Basis des leistungsfähigen Grundfahrzeugs.

Ziegler

Feuerwehraufbauten

Als das erste Feuerwehrfahrzeug mit Ziegler-Aufbau auf den Rädern stand, war die Firma in Giengen an der Brenz schon 72 Jahre alt. Firmengründer Albert Ziegler hatte sich dabei von Anfang an mit der Feuerwehr befasst, nämlich mit der Herstellung von Schläuchen. Daraus wurde im Laufe der Zeit ein komplettes Sortiment von Feuerwehrgerätschaften, an den reinen Fahrzeugbau wagte man sich aber erst in den frühen 1950er-Jahren unter der Regie von Günter Ziegler, einem Enkel des Firmengründers. Heute ist die Albert Ziegler GmbH & Co. KG – immer noch in Familienbesitz – einer der großen Hersteller von Feuerwehrfahrzeugen in Europa und beschäftigt rund 1000 Mitarbeiter, darunter 600 am Stammsitz in Giengen.

Der Unimog als Basisfahrzeug wurde für die Feuerwehrbranche mit dem 404 S interessant. Zuvor war er allenfalls als Zugmaschine in Frage gekommen. Die hohe Geländegängigkeit paarte sich nun mit der nun höheren Nutzlast, längerem Radstand und gesteigerter Motorleistung. Ab der Baureihe U 416 Mitte der 60er-Jahre kamen

Steigungen und Gefällstrecken sind kein Problem für die schwere Unimog-Feuerwehr: Tanklöschfahrzeug 16/24 von Ziegler auf Unimog 1550

Tüftlerwerke

Voll beladen: Löschgruppenfahrzeug 16/24 von Ziegler auf Unimog 1550 aus dem Jahre 1996

die großen Unimog immer besser zur Geltung, vor allem auf ihrem Spezialgebiet, der Waldbrandbekämpfung. Aus dieser Zeit stammen auch die ersten Komplett-Aufbauten für den Unimog von Ziegler. Mit dem U 435 stand ab 1976 das ideale Basisfahrzeug für Feuerwehreinsätze in schwierigem Gelände zur Verfügung. Gerade Feuerwehr-Unimog prägten lange das Bild des Alleskönners in der Öffentlichkeit, viele der Aufbauten kamen von Ziegler. Löschgruppenfahrzeuge und Tanklöschfahrzeuge gab es teilweise mit der von Ziegler gelieferten Mannschaftskabine für Fahrer und acht Mann, teilweise hinter dem einfachen Fahrerhaus.

Die dritte Möglichkeit stellte die serienmäßigen Doppelkabine dar. Viele LF 8, die nach der Normung kleinsten Löschgruppenfahrzeuge der deutschen Feuerwehren, aber auch die größeren LF 16 entstanden und entstehen regelmäßig bei Ziegler. Ziel des Aufbauspezialisten war es immer, im Aufbau Gewicht zu sparen, um die Beladungskapazität zu erhöhen und trotzdem im zulässigen Gesamtgewicht – im Falle des LF 8 auch in der für den alten Führerschein 3 gültigen Grenze von 7,5 Tonnen – zu bleiben, unter anderem durch die Verwendung von Aluminiumfächern und Rolladen.

Tüftlerwerke

Keine Bange hat der Railstar – zu erkennen am Pufferrahmen – vor einem Güterzug dieser Länge.

Zweiweg

Schienenfahrsysteme

Mit guten Zahlen lässt sich ein Erfolg am besten belegen: Mehr als 25 Jahre gibt es von der Zweigweg Schneider GmbH & Co. KG in Leichlingen im Rheinland für den Bahnbetrieb umgerüstete Straßenfahrzeuge, 3000 sind in dieser Zeit entstanden, wovon 90 Prozent heute noch eingesetzt werden. Dass die allermeisten davon Unimog sind, liegt auf der Hand, denn in der Breite der Anwendungen eignet sich kein Zugfahrzeug so gut für leichtere Rangierarbeiten oder zur Aufnahme kleinerer Geräte. Tatsächlich gibt es vom Schmalspurgeräteträger bis zum dreiachsigen Feuerwehrauto als Lkw so gut wie alles auf zwei Wegen – der Unimog dominiert zahlenmäßig aber eindeutig.

Im Streckendienst wird er nur selten eingesetzt, beispielsweise mit Feuerwehraufbau oder bei der Oberleitungspflege. Hier sind größere Fahrzeuge besser geeignet. Für das Ziehen ganzer Güterzüge über längere Stecken ist die Schienenhöchstgeschwindigkeit des Unimog von 50 km/h zu niedrig. Die Domäne des Zweiwege-Unimog ist das Rangieren. Die Firma Zweiweg, ein Systempartner von DaimlerChrysler auf diesem Gebiet, rüstet die U 300 bis U 500 entsprechend um, hat aber außerdem – noch für die Baureihe 427 – ihr Rangier- und Arbeitsfahrzeug Loctrac und später Railstar geschaffen. Hier geht der Unimog wirklich in die Vollen: Damit er 1200 Tonnen Zuggewicht ziehen und drücken kann – das entspricht 24 beladenen Güterwagen – hat er einen für die Baureihe 427 maßgeschneiderten Pufferrahmen. Der Rahmen ist fest montiert und auch für Straßenbetrieb erlaubt. Eine Eisenbahnwagen-Bremsanlage ist auf dem Pufferrahmen hinter dem Fahrerhaus untergebracht. Natürlich benötigt der Unimog bei solchen Lasten zum Anfahren eine Wandlerschaltkupplung, wie sie auch Schwerlastzugmaschinen auf der Straße haben. Das Spurführungssystem lässt sich auf jede Spurbreite einstellen, der Unimog kann also auch auf Schmalspurgleisen fahren. Auf- und Abgleisen lässt er sich auf freier Strecke und nicht nur an schienengleichen Bahnübergängen, wie sie für Zweiwege-Lkw nötig sind. Die Aushebe- und Drehvorrichtung kann außerdem das Fahrzeug auf dem Gleis wenden – in diesem Punkt kommt auch die stärkste Lokomotive nicht mit!

Wenn es sein muss, fräst der Unimog auch Schnee und Eis von den Gleisen.

Kaleidoskop der Geräte

Es ist unmöglich, alle Anbieter von Zusatzgeräten und Aufbauten für den Unimog zu erfassen. Hier folgt eine Reihe weiterer Hersteller in alphabetischer Reihenfolge, sowohl derzeit aktuelle wie auch früher existierende Firmen. Die Auflistung erhebt keinen Anspruch auf Vollständigkeit.

Kaleidoskop

Adler, Seilwinden

Wer sich mit Forsttechnik befasst, hat über kurz oder lang auch mit dem Unimog zu tun – zumindest in früheren Jahren. Die Konrad Adler GmbH & Co. KG in Wolfegg in Bayern ist mit ihren Maschinen für die Waldwirtschaft bis heute eine feste Größe – unter anderem entstehen komplett eigene Forstschlepper zum Rücken der Holzstämme und für den Transport in extrem schwierigem Gelände. In den 1950er- und 1960er-Jahren sind bei Adler zahlreiche Unimog mit Seilwinden und kompletten Rückegeräten ausgerüstet worden. Zu jener Zeit liefen die Seilwinden noch rein mechanisch. In den 70er-Jahren kamen elektrohydraulisch gesteuerte Windenaggregate hinzu. Das komplette Rückegerät füllte die kurze Fläche des Unimog hinter dem Fahrerhaus vollständig aus, die ganze Konstruktion, die sehr hohen Druck beim Ziehen aushalten musste, zeichnete sich durch besondere Robustheit aus. Heute haben spezielle Forstschlepper den Unimog im Waldeinsatz weit gehend zurück gedrängt, so dass Adler-Seilwinden und Rückegeräte am Unimog nur noch Historie sind. Auf dem Bild ein U 411 aus den späten 1960er-Jahren mit einem Adler-Rückegerät.

AGBO, Bohrtechnik

Die „bohrenden Fragen", auf die die Allgemeine Gesellschaft für Bohrtechnik und Anlagenbau (ABGO) im niedersächsischen Wathlingen laut eigener Werbeaussage Antworten gibt, stellen sich häufig in afrikanischen Ländern und anderen Regionen der Dritten Welt, wenn es nämlich um die Erschließung von Wasserstellen geht. Aber auch seismische Bohrungen und Bohrungen für Grundwasserabsenkungen gehören dazu. Bohrgeräte können bis zu 55 Tonnen schwer sein, die für Unimog-Fahrgestelle vorgesehenen wiegen immerhin 8,5 und zehn Tonnen. Das zeigt, dass die Bohrgeräte G 100 und G 200 in der Typologie des Herstellers im unteren Drittel eingeordnet sind. Dennoch muss der große Unimog her halten, zum Beispiel der U 2150 L aus der 2003 eingestellten Baureihe 437. Seine 214 PS treiben über den Nebenabtrieb die Bohranlage mit an, über eine Kardanwelle vom Verteilergetriebe. Kernstück der Bohranlage ist der Kraftdrehkopf. Zwei hydraulisch angetriebene Axialkolbenpumpen verrichten die Bohrarbeit, nämlich das Drehen des Kopfes mit großer Kraft und bis zu 180 mal in der Minute. Dazu wird Wasser in die Bohrstelle gespült. Damit der Kraftdrehkopf auch vorwärts (besser gesagt: abwärts) kommt, liefert ein Hydraulikmotor über eine Rollenkette den nötigen Vorschub und auch den so genannten Rückzug. Der Bohrkopf legt in beiden Richtungen maximal 70 Zentimeter in der Stunde zurück, ja nach Material, das sowohl Sand, feste Erde wie auch Stein sein kann. Eine Abfangvorrichtung bringt das aufgebohrte Material nach oben. Auf dem Bild stehen zwei Unimog im Auslieferungszustand mit dem auf 7,50 Meter Höhe ausfahrbaren Mast. Zu erkennen ist außerdem der von AGBO gefertigte Rahmen für den Aufbau.

Augl, Kehrmaschinen

Die Ernst Augl GmbH aus Pasching in Österreich versorgt die Unimog-Baureihen mit Aufbaukehrmaschinen in Wechselsystemtechnik. Seit der Einführung der Geräte für den Unimog U 90/U 100 (Baureihe 408) und den U 1000 bis U 1600 sowie U 2150 bis U 2450 (Baureihen 427 und 437) hat sich die Firma über die Grenzen des Heimatmarkts hinaus eine guten Namen gemacht. Insbesondere der Wechselaufbau für den U 90 geriet zur attraktiven Alternative für Kommunen, denen ein größerer Unimog insgesamt zu aufwendig erschien. Augl kam schon vor der Zeit des Geräteträgers U 300 bis U 500 bei seinen Kehraufbauten ohne eigenen Motor aus. Den Kraftfluss zwischen Basisfahrzeug und Aufbau stellt nämlich die Heckzapfwelle des Unimog her. Hydraulikanlage mit Besenantrieb, Hochkippentleerung (zum Umladen des Kehrgutes auf Lkw oder in Container) und Ventilator sind hier angeschlossen. Der Auf- und Abbau der Augl-Kehrmaschinen dauert rund 20 Minuten. Das Kehrsaugaggregat zwischen den Fahrzeugachsen lässt sich auch mit Wildkrautbesen und anderen Geräten bestücken. Das Bild zeigt einen U 90 kurz nach der Premiere der Augl-Kehrmaschine im Jahre 1995.

Beilhack, Schneeräumgeräte

Als einer der schon lange auf dem Markt präsenten Spezialisten für Winterdienstgeräte befasste sich die Beilhack Systemtechnik und Vertriebs GmbH – so die heutige Bezeichnung der in Raubling bei Rosenheim beheimateten, mehr als 140 Jahre alten Firma – mit dem Unimog schon sehr früh. Schneepflüge, Streuautomaten sowie Schneefräsen und Schneeschleudern, also das komplette Winterdienstprogramm, haben den Unimog über die Jahrzehnte begleitet und sind bis heute Kernpunkte des Programms. Gerade der schwere Winterdienst stellte stets eine Domäne von Beilhack dar, unter anderem gibt es Lokomotiven als Schneeräummaschinen. Auf Flughäfen werden Beilhack-Geräte ebenfalls eingesetzt. Wie bei anderen Herstellern bestimmte die Entwicklung des Unimog die Entwicklung der Schneefräsen mit. Während frühe Einsatzfahrzeuge die für das schwere Räumen notwendigen PS noch auf dem Fahrgestell mitschleppen mussten, treibt die kleineren Fräsen ab den siebziger Jahren der Unimog-Motor an. Für besondere Aufgaben gibt es aber bis heute Schneeschleudern mit eigenem hydraulischem Antrieb, während die Beilhack-Fräsen sämtlich über Zapfwelle laufen. Auf dem Foto müht sich ein Unimog der Baureihe 411 mit einer Beilhack-Schneeschleuder ab, auf der Pritsche ist ihr Motor montiert. Die Aufnahme entstand im Februar 1965.

Binz, Krankentransportwagen

Wenn von einem Krankentransportwagen für „härteste Ansprüche" die Rede ist, meint der Spezialist für Krankenwagen, Rettungswagen und Notarztwagen aus dem württembergischen Lorch mit Zweigwerk in Ilmenau (Thüringen) seine Aufbauten für den Unimog. Vorrangig werden sie vom Militär geordert und sind auf hohe Aufnahme ausgelegt: maximal je zwei Tragen übereinander und drei Sitzplätze an der Stirnwand der Kabine, damit lassen sich die Patienten effektiv vom Einsatzort weg zu weiter führender Hilfe transportieren. Wahlweise können zwei Tragen auch durch eine dreiplätzige Sitzbank ersetzt werden. Beim Aufbau handelt es sich um Container, die wegen der Transportmöglichkeit per Bahn und des dort gültigen Lichtraumprofils an den Kanten abgeschrägt sind. Sogar Spezialausführungen gibt es von diesem speziellen Unimog: Als Tatortwagen verfügt er über Seziertisch und „große Kühlzelle"! Damit in den Krankenwagen die Bedingungen für die Patienten bei Fahrt durch schweres Gelände nicht ganz so hart sind, erhalten die Unimog eine speziell abgestimmte Federung. Wahlweise werden sie in von der Serie abweichender Getriebeübersetzung geliefert. So erreichen die Binz-Unimog Höchstgeschwindigkeiten um die 105 km/h. In den siebziger Jahren baute Binz auch Behelfskrankenwagen für den militärischen Bedarf, zum Beispiel auf den Baureihen 404 und 416. Das waren Pritschenaufbauten mit schnell montierbaren Tragen. Im Bild das Titelblatt eines Prospektes von Binz zum Unimog-Programm.

Brändle, Feuerwehraufbauten

Der Feuerwehrgerätehersteller aus der Schweiz mit dem beziehungsreichen Namen befasste sich nicht sofort mit seinem heutigen Betätigungsfeld. Zunächst entstanden bei Tony Brändle in Wil – die Firma wurde 1946 gegründet – Aufbauten für Möbelwagen und andere Sonderfahrzeuge. Ab den 1960er-Jahren ist Brändle in der Brandschutztechnik aktiv und hat weite Verbreitung gefunden, auch in Deutschland, wo viele Werksfeuerwehren zu den Kunden gehören. Das Programm ist weit gehend komplett, wesentliche Entwicklungen im Laufe der Geschichte beziehen sich auf die unmittelbare Löschtechnik, aber auch auf die Aufbauten aus Stahl, in Mischbauweise Stahl/Aluminium oder nur in Aluminium. Die Topografie der Schweiz hat die Verbreitung gerade der großen Unimog stark gefördert. So ist es kein Wunder, dass Brändle immer wieder Aufträge auf Unimog-Fahrgestellen ausführte. Auf dem Bild steht ein U 1000 L, Baujahr 1980, als Tanklöschfahrzeug. Drei Aluminium-Rollläden garantieren schnellen Zugriff auf die Löschanlage, auf dem Dach wird eine Steckleiter mitgeführt. Das gut gepflegte Fahrzeug gehört der Freiwilligen Feuerwehr Brunnadern St. Peterzell.

Kaleidoskop

Bucher-Schörling, Kehraufbauten

Die Tradition steckt, was große Kehraufbauten angeht, im zweiten Namen der Firmenbezeichnung: Schörling in Hannover, gegründet 1920, hatte schon 1938 das erste saugend aufnehmende Kehrfahrzeug gebaut, es hörte auf den Namen „System Schörling". Seitdem kehren Schörling-Geräte ununterbrochen, meist auf Lastwagen aufgebaut, gelegentlich auch auf Unimog. Ein beliebte Kombination in den 60er-Jahren bestand aus dem Unimog der Baureihe 416 mit Schienenfahreinrichtung und Kehrmaschine, beides von Schörling. Spezialfahrzeuge für die Gleispflege gehörten vom ersten Tag zum Tätigkeitsfeld der früheren Firma, eine Tradition, die heute Schörling-Brock fortsetzt. 1994 wurde die alte Firma Schörling von der Schweizer Bucher Gruppe übernommen, das Fertigungsprogramm auf die großen Kehrmaschinen und sowie Winterdienstgeräte für Flughäfen konzentriert. In der Regel spielte die Unimog dabei keine Rolle mehr, bis die neuen Geräteträger ab dem Jahre 2000 Bucher-Schörling ins Rampenlicht brachten als einen der beiden Systempartner auf diesem Gebiet. Unifant heißt der Aufbau für die drei Unimog-Geräteträger, in drei Größen (vier, fünf und sechs Kubikmeter große Schmutzbehälter) steht er zur Verfügung. Als Unifant 40 kommt er auf das kurze Fahrgestell des U 300 und U 400, als Unifant 50 und Unifant 60 auf das lange Chassis des U 400 und U 500. Bei den größeren Geräten wird der Schmutz zweiseitig aufgenommen. Dank der neuen Leistungshydraulik kommt der Unifant ohne eigenen Antriebsmotor aus. Auf dem Foto die neue Kombination Unimog/Bucher-Schörling.

Dautel, Schachtkulis

Eine stattliche Bandbreite pflegt der Fahrzeugbaubetrieb Dautel im württembergischen Leingarten. Bekannt als traditionsreicher Hersteller von Lkw-Kippern, entstehen in dem Familienbetrieb – gegründet 1933 – außerdem ein großes Sortiment von Ladebordwänden sowie von Wechselsystemen für Lkw-Aufbauten und – dies in direktem Bezug zum Unimog – Schachtkulis zur Säuberung der Regenwasserschächte auf den Straßen. Diese Spezialität hat die Firma in der kommunalen Szene bekannt gemacht. Der Schachtkuli ist am hinteren Teil des Fahrgestells angebracht und belastet den Unimog mit seinen rund 300 Kilogramm nicht wesentlich. Das Gerät besteht aus einer Hub-Schwenk-Vorrichtung und einer Hydraulikwinde mit bis zu 275 Kilogramm Zugkraft bei elf Meter Seil. Der Schmutzeimer wird in den Schacht gehoben, automatisch in die Ausschütt- und Rüttelvorrichtung eingeführt, dann vollhydraulisch auf die Ladefläche geschwenkt und dort ausgekippt – kein Mensch muss mit seinen Händen zupacken und der Sinkkasten wird ohne den Aufwand durch größeres Gerät gesäubert. Ganz ohne Mensch geht es aber nicht: Er muss den Vorgang über die Fernbedienung steuern, wie es auf dem Foto mit einem U 90 von 1993 zu sehen ist.

Geser, Feuerwehraufbauten

Für viele der zahlreichen schweizerischen Karosseriebaubetriebe, die sich mit Feuerwehraufbauten befassen, war die großflächige Beschaffung der Pikettfahrzeuge (Vorausfahrzeuge für den Schnellangriff) in den 1940er-Jahren die Initialzündung zu größeren Aktivitäten auf diesem Gebiet. Auch Geser aus dem Großraum Luzern machte sich mit solchen Aufbauten bekannt, zunächst nur im heimatlichen Umfeld. Im Laufe der Zeit zahlten sich gute Beziehungen zur Fahrzeugindustrie aus, unter anderem zur Robert Aebi AG, dem Generalvertreter des Unimog für die Schweiz. Auf frühen Unimog-Modellen entstanden solche Pikettfahrzeuge, teils mit geschlossenem Aufbau wie auf dem Bild, teils mit halboffener Konstruktion. Die Bandbreite des Herstellers ist groß, immer wieder fahren schwere Unimog vom Hof, für spezielle Einsätze konzipiert, wie zum Beispiel Trockentanklöschfahrzeuge auf U 1550 L. Der abgebildete U 404 S wurde 1960 gebaut und wird von der Freiwilligen Feuerwehr Krinau einsatzfähig gehalten. Das „einsame" Blaulicht am Heck und der große Lautsprecher auf dem Kabinendach erinnern heute plastisch an die Entstehungszeit des Fahrzeugs.

Kaleidoskop

Geyer, Thermofässer

Damit der Asphalt warm bleibt, bis er in die neue Straße verbaut ist, hat Geyer im bayerischen Unterspiesheim sein Thermofass entwickelt. In kleinerer Ausführung wird es auch dem Unimog aufgesattelt, besonders geeignet bei Ausbesserungsarbeiten auf Landstraßen und in Kommunen. Das Fass ist eine ausgeklügelte Warmhalteeinrichtung, die nicht durch eigene Energieerzeugung funktioniert, sondern durch weitest gehende Isolierung des Behälters. Das Heißmischgut bleibt während des Transports und an der Baustelle bis zu zwölf Stunden verwendungsfähig. Ein luftdicht verschweißter Außenmantel sorgt für die Isolierung und verhindert außerdem Rostbefall. Damit das Thermofass auch gut zu handhaben ist, hat es eine trichterförmige Einfüllöffnung und eine schwenkbare Rinne zum Auslaufen des Mischgutes, hier Schurre genannt. Entleert wird es über die Kipphydraulik der Pritsche, auf die das Fass montiert ist. Auf dem Bild fährt ein Unimog der Baureihe 424 mit dem Geyer Thermofass. Die Ladeeinrichtung vorn hat mit dem Fass nichts zu tun.

Gmeiner, Winterdiensttechnik

Die komplette Winterdiensteinheit Schneepflug/Streugerät hält die W. Gmeiner GmbH & Co. im oberpfälzischen Kümmersbrück für die Geräteträger U 300 bis U 500 bereit. Dabei kann der Hersteller – in der Unimog-Systempartnerschaft ist er Partner für den Winterdienst – auf umfassende Erfahrungen aus den Vorgänger-Baureihen des Unimog zurück greifen. Begonnen hatte es bei Gmeiner auf diesem Gebiet 1965 mit Streugeräten, nachdem man zuvor vornehmlich Maschinen für den Straßenbau entwickelt hatte. Ein Vorzug der Gmeiner-Streuer war schon früh ihre niedrige Bauweise, die einen tiefen Schwerpunkt und somit ein sicheres Fahrverhalten und außerdem gute Sicht nach hinten zur Folge hatte. Ihren Namen „TwinConcept" haben sie von den zwei parallel angeordneten Förderschnecken im Boden des Behälters. Sie sparen Platz und arbeiten sehr gleichmäßig in der Dosierung des Streuguts. Mehrere Behältergrößen zwischen 1,8 bis 4,0 Kubikmetern Inhalt einteilig oder in zwei Kammern aufgeteilt (um Splitt und Salz gleichzeitig auszubringen) bilden das Programm. Schneepflüge der Reihe „Snowstar" machen die Gmeiner-Einheit komplett. Hohe Laufruhe, automatische Überfahrsicherung mit stufenloser Einstellung kennzeichnen sie, die maximale Räumbreite liegt bei 2800 Millimetern. Auf dem Bild ist eine solche Einheit am Geräteträger mit Schwung unterwegs.

Griesser, Anbaukrane

Arbeiten am Unimog stellen für Maschinenbaubetriebe, die ja meist mittelständisch oder kleiner strukturiert sind, immer eine reizvolle Aufgabe dar. Manchmal sind die Angebote aber nicht von Dauer, weil sich beispielsweise der Betrieb neue Schwerpunkte setzt oder die Fertigung unrentabel wurde. Die Erinnerung an den Unimog bleibt aber bestehen. So ergeht es der Firma Griesser in Lottstetten im baden-württembergischen Bodenseeraum. „Wir bauen Krane" ist der Slogan bis heute, mobile und stationäre Hydraulikkrane, die auf engem Raum mit vielseitigem Gerät arbeiten können. In den 1990er-Jahren gab es Anbaukrane von Griesser auch für den Unimog, ein Prospekt aus jener Zeit ist erhalten. Der Aufbaukran HK 6500 war pfiffig aufgebaut. Die vier Stützen dienten nicht nur zur Sicherung des Fahrzeugs während der Arbeiten, sondern auch zum Aufstellen des Gerätes beim Entfernen des Krans von der Pritsche. Eine aufgesteckte Hydraulikpumpe oder der Nebenabtrieb vom Fahrzeug speisten die Hydraulik. Der volle Schwenkradius von 360 Grad ermöglichten weit gehende Kran- und Baggerarbeiten in unwegsamem Gelände. Während der Transportstrecken, bei denen der Arm dicht über dem Dach festgestellt wurde, blieben Anhängerkupplung und Heckkraftheber zugänglich. Die Idee war gut, auf die Dauer fand sie aber nicht die Verbreitung, die Griesser sich gewünscht hätte.

Kaleidoskop

Hiab, Ladekrane

Fast so vielseitig wie der Unimog selbst sind Ladekrane, hinter dem Fahrerhaus montiert. Sie dienen dem Be- und Entladen bei Transportaufgaben, können aber auch mit dem Baggerlöffel oder anderen Geräten für kommunalen Einsatz versehen werden. Seilwinde, Erdbohrgerät oder Hubarbeitskopf sind weitere Einsatzvarianten. Einer der großen Namen auf diesem Gebiet lautet Hiab aus Langenhagen bei Hannover, heute Bestandteil des finnischen Konzerns Partek – und auch Systempartner von DaimlerChrysler. Als solcher bietet Hiab insgesamt acht verschiedene Ladekrane an, in breit gefächerter Leistungsbreite. Nicht die maximal zulässige Last ist dabei das Maß der Dinge, sondern die Kraft am Drehpunkt des Kranes. Krane in „Unimog-Größe" heben bei einer Ausladung von 2,30 Metern eine Last von drei Tonnen, bei maximaler Ausladung von 15,70 Metern noch 270 Kilogramm. Eine eigene, auf den Unimog abgestimmte Tragrahmenkonstruktion bildet von Gewicht und Ausmaßen her eine gegenüber früher optimierte Verbindung zwischen Kran und Fahrzeug. Die Krane setzen sich aus Modulen zusammen, so ist beispielsweise der Arm des Krans starr, mit Knickarmgelenk oder Doppelgelenk lieferbar, der hydraulische Armausschub kann aus bis zu fünf Einheiten bestehen. Der Anwender hat die Wahl, den Kran am Fahrzeug oder beispielsweise von der Einsatzstelle aus per Fernbedienung zu steuern. Robuste Stützen runden das Gesamtpaket ab. Im Bild ein U 1650, Baujahr 2001 als Feuerwehr-Bergefahrzeug mit Hiab-Kran.

Inuma GmbH, Aufbauspritzen

Neue Zeiten bringen neue Möglichkeiten. Und wenn man sich bei der Suche danach von den eigenen Stärken leiten lässt, kann eine Entwicklung eintreten wie bei der Inuma Fahrzeug-Service und Maschinenbau GmbH in Aschara in Thüringen: In der DDR hatte sich der Betrieb seinerzeit mit der Reparatur von Landmaschinen befasst. Maschinen und Fahrzeuge für große zusammen hängende Agrarflächen waren der vertraute Alltag, als nach der politischen Wende in der DDR und der deutschen Vereinigung die Frage anstand, wie es mit dem Betrieb weiter gehen sollte. Ein Servicestützpunkt für Landtechnik ist er geblieben, gleichzeitig mauserte er sich aber auch zum Gerätehersteller. Die Spezialität von Inuma sind Spritzen für den Pflanzenschutz, sie werden auf Anhängern, auf eigenen Geräteträgern und neben Traktoren eben auch auf dem Unimog montiert. Als Universal-Aufbauspritzen sind sie natürlich mit einer Wechseleinrichtung ausgestattet. Bis zu 30 Meter Arbeitsbreite und Tankvolumina zwischen 2000 und 4000 Litern sind die Basiswerte der Spritze. Viel technisches Wissen steckt in Details. Damit die ausgebreitete Spritze beim Überfahren von Bodenunebenheiten nicht in sich schwankt, ist das Gestänge mit über Kreuz geführten Seilen nach dem Waageprinzip aufgehängt. Ein ausgeklügeltes Feder-Dämpfer-System minimiert horizontale und vertikale Schwingungen des Gestänges. Die Gestängeenden können vor- und rückwärts Hindernissen ausweichen, ein Bodengleiter verhindert Bodenberührung. Die Flüssigkeit kommt unter Hochdruck über einen einzigen Schlauch zum Gestänge und wird erst dort aufgeteilt, eine Art Common Rail (gemeinsame Hochdruckeinspritzleitung für alle Zylinder im Motorenbau) für landwirtschaftliche Spritzen. Es gab also viel zu tüfteln, bis die Aufbauspritzen fertig waren. Im landwirtschaftlichen Anwendungssektor gehören sie heute zum Bild des modernen Unimog.

Kaleidoskop

Krone, Landwirtschaftliche Geräte

Ist der Unimog in der Landwirtschaft nun ein Traktor für schweres Gerät oder ein einfaches Zugfahrzeug? Mehr und mehr fällt ihm die Rolle des Ziehens von Anhängern zu, wenn er auch immer noch zum Pflügen und zum Sprühen eingesetzt wird. Anhängen lassen sich aber nicht nur Transportwagen, sondern auch spezielle landwirtschaftliche Geräte wie eine Ballenpresse von Krone. Der renommierte Hersteller in Spelle (Emsland) baut zahlreiche landwirtschaftliche Geräte, vom Scheibenmähwerk bis zum selbst fahrenden Häcksler. Aus der Reihe der Ballenpressen sind die eher mittelgroßen, gleichwohl Big Pack genannten Pressen auf den Unimog abgestimmt. Über die Heckzapfwelle werden Förderband und Presse angetrieben, das Variable Fördersystem (VFS) von Krone packt unter allen Bedingungen – unabhängig von Schwadstärke des Strohs und momentaner Fahrgeschwindigkeit – die Ballen gleichmäßig und zwar (nach Prospektaussage) „formstabil und knallhart". Auf dem Foto bringt ein Unimog aus der Baureihe 437 – übrigens ausgerüstet mit Klimaanlage – die Krone-Presse in flotter Fahrt nach Hause.

Jotha, Absetzkipper

Eher unauffällig, aber in vielen Einsatzfeldern unverzichtbar, sind einfach zu bedienende und schnell arbeitende Absetzkipper, wie die Jotha Fahrzeugbau AG in Donauwörth sie herstellt. Streuautomaten, Häckselbehälter oder einfach eine Plattform zum Transport von Minibaggern und anderem Gerät lassen sich in schnellem Wechsel einsetzen, wenn sie mit dem Absetzkipper kombiniert werden. Der ist selbst wahlweise als Wechselaufbau lieferbar. Ein Pritschenhilfsrahmen trägt den Aufbau. Kraft in den zwei Hubarmen – bis zu sechs Tonnen heben sie auf das Fahrzeug – und eine breite Ladefläche zwischen den Hubarmen für die Aufnahme der Geräte sind wichtige Voraussetzungen für den rationellen Einsatz. Am oberen Ende der Teleskophubarme hängen Ketten, an denen Container oder Geräte befestigt werden, um sie auf- und abzusetzen und während der Fahrt zu sichern. Einige Behälter stellt Jotha selbst her, aber auch Geräte anderer Hersteller lassen sich verwenden. Ideales Fahrgestell für die Absetzkipper ist innerhalb der aktuellen Reihe der Geräteträger der U 400. Die einfache Hydraulik genügt als Antrieb; wird aber die Zweikreishydraulik gewählt, bringt dies eine höhere Arbeitsgeschwindigkeit. Auf dem Foto arbeitet ein U 400 mit einem Holzhäcksler von Dücker, das gehäckselte Gut wird in einen Jotha-Absetzkipper befördert.

Kaleidoskop

Küpper-Weisser, Winterdienstgeräte

Wenn es um den hohen Standard der Winterdiensttechnik von heute geht und um die Entwicklungsschritte dorthin, ist immer auch von der Küpper-Weisser GmbH in Bräunlingen im Schwarzwald die Rede. Die heute zu Boschung in der Schweiz gehörende Firma hat sich in den zurückliegenden 25 Jahren vor allem um den Streuautomaten verdient gemacht. Begonnen hatte Hubert Weisser schon 1931 mit einer Werkstatt für Landmaschinen. 1936 entwickelte er einen Sandstreuer mit Elektromotor. Damit ging es nach 1945 weiter. Die allmählich einsetzende Automatisierung des Winterdienstes eröffnete ab den sechziger Jahren neue Möglichkeiten. Unter der Regie von Weisser-Schwiegersohn Willy Küpper wuchs der Betrieb zur heutigen Bedeutung, unter anderem mit der Einführung der Feuchtsalztechnologie 1978 und dem Thermomat 1991. Hier war es erstmals gelungen, mittels Infrarotkamera die Fahrbahntemperatur zu erfassen und die Streudichte danach zu richten – ein erheblicher Fortschritt beim sparsamen Umgang mit dem Streugut. Da der Unimog nicht das typische Streufahrzeug, sondern eher ein Räumfahrzeug ist, hatte man bei Küpper-Weisser nicht allzu viel Kontakt mit ihm. Dennoch gab und gibt es stets Unimog mit Küpper-Weisser-Aufbauten – oder auch angebauten Schneepflügen –, die über Küpper-Weisser vertrieben wurden (im Bild ein Streuzug, 1971).

Leistikow, Hochdruckreinigungsgeräte

In der Branche, in der die Joachim Leistikow GmbH aus Niederdorfelden bei Frankfurt/Main zu Hause ist, richtet sich die Verwendungsfähigkeit des Unimog in der Regel nach der Länge des Fahrgestells. Spül- und Saugwagen zum Reinigen der Kanalisation baut Leistikow, aber auch Hochdruckflächenreinigungsgeräte. Unimog mit dem üblichen kurzen Fahrgestell finden sich nur als Straßenreininigungsfahrzeuge wieder, weil der vorhandene Platz für den Tank eine andere Lösung nicht zulässt. Allein die schweren Baureihen des Unimog im langen Radstand werden zu Spül- und Saugfahrzeugen ausgebaut. Der kombinierte Spül- und Saugbehälter kann 7000 Liter aufnehmen, Ausleger und Saugschlauch, die bei Lkw-Aufbauten am Heck sitzen, ragen beim Unimog über das Fahrerhaus hinweg, die Schlauchhaspel ist an der Stoßstange befestigt. 330 Liter in der Minute bei einem Druck von maximal 150 bar jagt die Pumpe durch die Unterwelt. Mit den puren Reinigungsaufbauten gehört Leistikow zur offiziellen Systempartnerschaft mit DaimlerChrysler. Die vordere Zapfwelle oder die Leistungshydraulik liefert die Kraft für die vorn angebrachte Hochleistungspumpe. Bis zu 180 bar baut sie auf, um maximal 318 Liter in der Minute auszubringen. Der Wassertank fasst 2500 Liter. Ein Sprühbalken mit zwölf Öffnungen kann starr oder an einem Ausleger montiert sein. Damit lassen sich beispielsweise Lärmschutzwände oder Häuserfassaden säubern. Im Straßenbau kommen die Geräte beim Säubern der Zwischenteerdecken zum Einsatz. Auf dem Foto beseitigt ein U 1650 in kurzem Radstand mit Hochdruck-Spülsystem von Leistikow eine Rohrverstopfung.

Metz, Feuerwehraufbauten

Carl Metz ist einer der großen Namen in der deutschen Feuerwehr-Geräteindustrie, schon 1842 gründete der Brandschutz-Pionier seine Firma in Heidelberg. Im Jahre 1998 übernahm Rosenbauer in Österreich die seit Beginn des 20. Jahrhunderts in Karlsruhe ansässige Fabrik von Metz. Erst 1996 hatte Metz das Feuerlöschgerätewerk Luckenwalde in Brandenburg übernommen. Heute entstehen in Karlsruhe die weltbekannten Metz-Drehleitern, am Standort Luckenwalde andere Brandschutzaufbauten innerhalb des Rosenbauer-Verbundes. Als Metz noch selbständig war, hatte stets ein breit aufgestelltes Fertigungsprogramm zum Bild des Hauses gehört, der Unimog war regelmäßiger "Begleiter" der Entwicklungen: Tanklöschfahrzeuge, Tragkraftspritzenfahrzeuge oder Aufbauten für Spezialeinsätze wurden auf Fahrgestelle aus dem nahen Gaggenau montiert. Auf dem Bild ein eher seltenes Exemplar aus der Schweiz, ein U 416 von 1973 als so genanntes Pikett – ein Vorausfahrzeug für den ersten Angriff, unter anderem ausgerüstet mit Motorspritze, Löschmaterial, Leitern, Bergungswerkzeug und Beleuchtung. Der gut erhaltene Unimog läuft bei der Freiwilligen Feuerwehr Flawil.

Palfinger, Ladekrane

Seinen ersten Kran baute Palfinger schon 1959, ein Richtung weisender Schritt für den österreichischen Hersteller aus Bergheim bei Salzburg. Das neue Produkt war nämlich das Aufbruchsignal weg von der kleinen "Geräteschmiede" zur Maschinenfabrik. Heute fungiert Palfinger genau mit dieser Art Krane als Marktführer in der ganzen Welt. Wo vor allem schwere Unimog eingesetzt werden, im kommunalen Dienst oder bei Bau- und Energiewirtschaft, haben Palfinger-Anbaukrane ihren festen Platz. Es gibt mehr als 150 verschiedene Modelle der typischen Knickarm-Krane. Die für den Unimog meist verwendete mittlere Baureihe bietet heute in der Regel drei verschiedene Abstützbreiten, Reichweiten bis zu 12,40 Metern und teilweise auch die elektronische Steuerung namens Paltronik. Eine gute Reichweite ist gerade im Unimog-Einsatz besonders wichtig, weil hier die Last vom Fahrzeug aus von einem Platz auf den anderen umgesetzt und nicht einfach aufgeladen wird. Auf dem Bild wartet ein U 2150 L mit dritter Achse als Schleppachse (Nutzlast dadurch elf Tonnen) mit einem Palfinger-Knickarmkran auf Arbeit.

Schaeff, Anbaubagger

In der umfangreichen Produktpalette des Baumaschinenspezialisten Schaeff mit Sitz im baden-württembergischen Langenburg finden sich neben kleinen und mittelgroßen Baggern und Radladern auch vier Anbaugeräte für den Unimog. Die Anbaubagger von Schaeff gehörten spätestens ab Mitte der 1960er-Jahre zum Standard der Bau-Unimog. Solide Abstützung hinter dem Heck – sie beanspruchte nicht mehr an Breite als das Fahrzeug aufwies –, der "luftige" Arbeitsplatz mit guter Übersicht und der Bagger in kräftiger Ausführung, angetrieben über die Fahrzeughydraulik, sorgten für effektives Bauen. In Transportstellung hatte der Bagger hinter der Kabine Platz. Über die Jahrzehnte hat es immer Schaeff-Anbaubagger in der Unimog-Größe gegeben, daran hat sich bis heute nichts geändert, auch wenn die Firma inzwischen als Schaeff-Terex GmbH zum schottischen Terex-Konzern gehört. Die Leistungsdaten eines heutigen Anbaubaggers: bis 4200 Millimeter Grabtiefe, 5950 Millimeter Reichweite und Greifergrößen bis 240 Liter. An Gewicht belastet er den Unimog mit 1750 Kilogramm. Auf dem Bild ein Schaeff-Anbaubagger an einem Unimog der Baureihe 406 aus dem Jahre 1965.

Kaleidoskop

Schwing, Betonpumpen

Der Unimog stand schon längst in Blüte, als er mit zu den ersten Trägern einer ganz neuen Technik für den Bau wurde: 1965 brachte Schwing die erste mobile Autobetonpumpe auf den Markt, einige der ganz frühen Pumpen wurden auf große Unimog-Fahrgestelle montiert. Ein Fahrmischer auf Lkw-Chassis – diese Art Aufbauten hatte die Firma Stetter 1958 eingeführt – ließ den flüssigen Beton in eine heckseitig am Unimog angebaute Wanne ab, von dort jagte ihn die Pumpe über Schnellkupplung und Rohrverbindung zur Endverwertung in die Baustelle. Kurz darauf erhielten die Autopumpen Masten, um den Beton auch nach oben zu treiben. Der fahrbare Mischer und die mobile Betonpumpe hatten die Arbeit auf dem Bau revolutionär verändert.

Friedrich Wilhelm Schwing hatte den Betrieb 1934 am Standort Herne gegründet. 1982 konnte die Schwing GmbH Stetter in Memmingen übernehmen, deren Betonmischer das Programm sinnvoll ergänzten. Heute arbeiten allein in Deutschland 1200 Menschen an beiden Schwing-Standorten. Die aktuellen Betonpumpen erreichen – allerdings meist auf größeren Fahrgestellen als auf denen des Unimog – Reichweiten von mehr 50 Metern in Weite und Höhe und fördern zwischen 90 und 163 Kubikmeter Beton in der Minute. Auch die Kombination von Fahrmischpumpen hat sich durchgesetzt, allerdings auf großen Lkw-Fahrgestellen. Auf dem Bild vom Mai 1967 arbeitet ein Unimog der Baureihe 416 als Betonpumpe, rechts das zur Baustelle führende Rohr.

Sobernheimer Maschinenbau, Kehrmaschinen

Kehren mit dem Vorbaukehrbesen ist ein diffiziles Feld – nicht weniger als sechs verschiedene solcher Geräte aus drei Baureihen hat Sobernheimer deshalb für den Unimog parat. Die einfachen Maschinen lassen die bis zu 2600 Millimeter breite Walze über Zapfwellenantrieb rotieren, die anspruchsvolleren haben einen eigenen Hydraulikmotor. Sobernheimer bietet Maschinen in zwei Funktionsprinzipien an: Freikehrend, gedacht vor allem für den Einsatz auf Baustellen, oder mit Schmutzaufnahme, konzipiert für den kommunalen Einsatz. Letztere verfügen über automatischen Niveauausgleich für den ganzen Anbau und die seitlich angebrachten Tellerbesen sowie die pendelnd aufgehängte Kehrwalze, um auch geneigte Flächen sauber halten zu können. Bis zu 420 Liter Volumen bietet der über der Kehrwalze angebrachte Schmutzsammelbehälter, seine Entleerung erfolgt hydraulisch bis zu einer Höhe von 1900 Millimetern. Damit kann das Kehrgut auf Lkw-Pritschen verladen werden. Eine solch komplexe Maschine ist nicht leicht. Deshalb sorgen Stützräder und eine spezielle Rahmenkonstruktion dafür, dass der Unimog trotz eines Gewichtes von 1200 Kilogramm (bei befülltem Gerät) an der Vorderachse einwandfrei steuerbar bleibt. Auf dem Bild ein U 400 beim Kehreinsatz.

Thoma, Feuerwehraufbauten

Betrachtet man den gesamten Umfang der Fahrzeugindustrie, stellt die Sparte der Brandschutztechnik nicht mehr als eine Marktnische dar. Und innerhalb dieser Nische finden Spezialbetriebe Platz, indem sie eine weitere Nische aufmachen, nämlich die Aufarbeitung und den Handel mit gebrauchten Feuerwehrfahrzeugen. Davon lebt neben anderen die Thoma GmbH in Kenzingen bei Freiburg. Die Kunst liegt im handwerklichen Aufarbeiten stark abgenutzter oder verunglückter Feuerwehrfahrzeuge, vom Grundfahrzeug bis zur Feuerwehrpumpe. Und sie liegt im Aufspüren günstiger Basisfahrzeuge. Der Unimog ist kein Unbekannter auf dem Werkshof von Thoma. Häufig kommen ausgemusterte Exemplare aus Beständen der Bundeswehr in Frage, aus den Pritschenwagen werden dann Tanklöschfahrzeuge für Freiwillige Feuerwehren, erneut einsatzbereit für viele weitere Jahre. Einen solchen U 1300 L, Baujahr 1986, zum Feuerwehrfahrzeug umgerüstet im Jahre 2000, zeigt das Bild. Es handelt sich um ein Tragkraftspritzfahrzeug für die Freiwillige Feuerwehr Roggden-Hettlingen im Landkreis Dillingen in Bayern, ein universell ausgerüstetes Einsatzfahrzeug für die Feuerwehr auf dem Lande.

Kaleidoskop

Trilety, Kehraufbauten

Wie andere Hersteller auch vollzog die Gebrüder Trilety GmbH aus Hallein in Österreich den Schritt vom großen Unimog alter Bauart zum neuen Geräteträger mit, obwohl die Firma nicht zu den Systempartnern für Kehrtechnik zählt. Wechselaufbauten zur Straßenreinigung von Trilety hatte es bereits auf den Baureihen 427 und 437 gegeben. Heinrich Trilety, der Vater des heutigen Inhabers, hatte die Firma 1953 als Handelsunternehmen gegründet und 1968 mit eigener Herstellung von Straßen- und Kanalreinigungsgeräten begonnen. Für die frühere Unimog-Reihe hatte es als größten Schmutzbehälter die Version mit 4,8 Kubikmeter Inhalt gegeben (für Lkw baut Trilety heute Kehraggregate mit maximal zwölf Kubikmetern Fassungsvermögen). Die ganz neuen Wechselaufbau-Kehrmaschinen TK 34 / TK 50 für den U 300 und U 400 zeichnet ihr kurzer hinterer Überhang und ihr großer Kippwinkel beim Entleeren aus. Die Besen sind zwischen den Achsen montiert und holen sich ihre Kraft aus der Leistungshydraulik des Unimog. Zusammen mit dem seitlichen Tellerbesen entsteht eine Kehrbreite von 2570 Millimetern. 3,5 beziehungsweise 4,7 Kubikmeter nehmen die Schmutzbehälter auf. Als weiteres Unimog-Gerät bietet Trilety einen Straßenwaschbalken an. Auf dem Foto die Kombination Unimog/Trilety bei einer Vorführung.

Tuchel Maschinenbau, Vorbaukehrbesen

Für den kleinen Maschinenbaubetrieb in Salzbergen im Münsterland bilden die Schneeschilder und Vorbaukehrbesen für die Anbauplatte des Unimog die Spitze des Sortimentes. Nach unten reicht die Anwendung bis zum Kleintraktor. Begonnen hatte Tuchel im Oktober 1991 als Lohnauftragnehmer ohne eigene Werkstatt, inzwischen verfügt der Betrieb über zwei große Produktionshallen – die Firma hat sich ihren Namen längst gemacht.

In den Vorbaukehrbesen FKM 5200 und FKM 600 steckt viel mehr Entwicklungsarbeit, als man ihnen auf den ersten Blick ansieht. Ein ausgeklügelter Niveauausgleich der Kehrwalze ermöglicht effektives Kehren auch auf nicht ganz ebenen Flächen, die Drehzahl der Walze lässt sich den Einsatzbedingungen anpassen, die Maschine wird hydraulisch in Arbeits- oder Transportstellung gebracht, ein Hydraulikmotor bringt den Besen in Schwung und ruht auf einem eigenen Rahmen. Kombinierbar ist sie mit einem Schmutzbehälter und einem 200-Liter-Wassertank, der auf der Ladefläche des Unimog Platz findet. Um die leer bis zu 372 Kilogramm schweren Geräte zu führen, ohne dass das Fahrzeug kopflastig wird, läuft am Behälter ein Stützrad mit. Den Vorbaukehrbesen auf dem Bild trägt ein U 300.

Vogt, Feuerwehraufbauten

Auf zwei verschiedenen Ebenen agiert die Vogt AG in der Schweiz mit ihrem Angebot an Brandschutztechnik, nämlich im Handel und Import sowie mit eigenen Aufbauten. Bis es bei der schon 1916 gegründeten und seit 1932 mit der Herstellung von Feuerwehrgeräten befassten Firma zu komplett eigenen Aufbauten kam, durchlief sie mehrere Etappen. So wurden eine Zeit lang Aufbauten von Ziegler aus Deutschland beschafft und in der Schweiz ausgestattet. Heute liefert Vogt meist komplett, die selbst entworfenen Aufbauten bestehen aus einem Gerippe aus Stahlprofilen, beblecht mit Leichtmetall. Der Unimog auf dem Foto ist ein U 1550 L, Baujahr 1991, ausgerüstet als Tanklöschfahrzeug. Jeden Zentimeter auszunutzen war das Ziel beim Entwurf des Aufbaus, wie der erste Rollladen zeigt, der tiefer reicht als die anderen. Die Freiwillige Feuerwehr Eggiwil pflegt ihr inzwischen schon nicht mehr ganz junges Fahrzeug mit besonderem Eifer und hat ihm sogar einen Namen gegeben: Eggi-Panther.

Kapitel 5

Technische Daten

Technische Daten

70 200/Boehringer/1948-1950

Motor

4-Zylinder Diesel-Reihenmotor mit Vorkammer, Typ OM 636/I-U, Bohrung/Hub 73,5/100,0 mm, Hubraum 1697 cm^3, Verdichtung 19,0, 25 PS bei 2500/min, Höchstgeschwindigkeit 50 km/h, Kriechgeschwindigkeit 0,8 km/h.

Kraftübertragung und Fahrwerk

Einscheiben-Trockenkupplung, klauengeschaltetes Sechsganggetriebe, Gänge 1 und 2 auch rückwärts fahrbar; Leiterrahmen, Portalachsen mit Differenzialsperren vorn und hinten, Radvorgelege, Vorderachsantrieb zuschaltbar, Schraubenfedern und Stoßdämpfer, hydraulische Trommelbremsen, mechanische Spindellenkung, Serienbereifung 6,50-18, Felgen 5 x 18.

Abmessungen und Gewichte

Länge, Breite, Höhe: 3520, 1630, 2020 mm, Radstand 1720 mm, Bodenfreiheit 370 mm, Ladefläche 1475 x 1500 x 360 mm, Wendekreis 7,60 m, Leergewicht 1775 kg, zul. Gesamtgewicht 3150 kg, Zuladung 1375 kg, Tankinhalt 40 l.

Anmerkungen

Schlepper, Arbeitsmaschine und Transporter. Aufbau: Offener Kasten mit Planenverdeck. Stückzahl mit Prototypen und Vorserie ca. 600.

2010/U 25/1951-53

Motor

4-Zylinder Diesel-Reihenmotor mit Vorkammer, Typ OM 636/VI-U, Bohrung/Hub 75,0/100,0 mm, Hubraum 1767 cm^3, Verdichtung 19,0, 25 PS bei 2300/min, Höchstgeschwindigkeit 50 km/h, Kriechgeschwindigkeit 0,8 km/h.

Kraftübertragung und Fahrwerk

Einscheiben-Trockenkupplung, klauengeschaltetes Sechsganggetriebe, Gänge 1 und 2 auch rückwärts fahrbar; Leiterrahmen, Portalachsen mit Differenzialsperren vorn und hinten, Radvorgelege, Vorderachsantrieb zuschaltbar, Schraubenfedern und Stoßdämpfer, hydraulische Trommelbremsen (auf Wunsch Druckluft-Bremsanlage) mechanische Spindellenkung, Serienbereifung 6,50-20, Felgen 5 x 20.

Abmessungen und Gewichte

Länge, Breite, Höhe: 3520, 1630, 2020 mm, Radstand 1720 mm, Bodenfreiheit 370 mm, Ladefläche 1475 x 1500 x 360 mm, Wendekreis 7,60 m, Leergewicht 1560-1825 kg, zul. Gesamtgewicht 3250 kg, Zuladung 1425-1690 kg, Tankinhalt 40 l, Motorölinhalt 6 l.

Anmerkungen

Schlepper, Arbeitsmaschine und Transporter. Aufbau: Offener Kasten mit Planenverdeck. Zugleistung bis 40 t.

■ Ein Prototyp aus dem Jahre 1948

401/402/U 25/1953-56

Motor
4-Zylinder Diesel-Reihenmotor mit Vorkammer, Typ OM 636/VI-U, Bohrung/Hub 75,0/100,0 mm, Hubraum 1767 cm³, Verdichtung 19,0, 25 PS bei 2300/min und 30 PS bei 2550/min, Höchstgeschwindigkeit 52 km/h und 53 km/h, Kriechgeschwindigkeit 0,3 km/h und 0,25 km/h.

Kraftübertragung und Fahrwerk
Einscheiben-Trockenkupplung, klauengeschaltetes Sechsganggetriebe, Gänge 1 und 2 auch rückwärts fahrbar, auf Wunsch Kriechgang-Zusatzgetriebe mit 2 Stufen; Leiterrahmen, Portalachsen mit Differenzialsperren vorn und hinten, Radvorgelege, Vorderachsantrieb zuschaltbar, Schraubenfedern und Stoßdämpfer, hydraulische Trommelbremsen (auf Wunsch Druckluft-Bremsanlage) mechanische Spindellenkung, Serienbereifung 6,50-20 und 7,50-18, Felgen 5 x 20 und 5 x 18.

Abmessungen und Gewichte
Länge, Breite, Höhe: 3520, 1630, 2065 mm, Radstand 1720 mm, Bodenfreiheit 370 und 380 mm, Ladefläche 1475 x 1500 x 360 mm, Wendekreis 7,60 m, Leergewicht 1780 kg, zul. Gesamtgewicht 3150 kg, Zuladung 1370 kg, Tankinhalt 40 l, Motorölinhalt 6 l.
402: Länge, Breite, Höhe: 3850, 1835, 2140 mm, Radstand 1720 mm, Bodenfreiheit 370 und 380 mm, Leergewicht 1795 kg, zul. Gesamtgewicht 3200 kg, Zuladung 1405 kg.

Anmerkungen
Schlepper, Arbeitsmaschine und Transporter. Aufbau: Offener Kasten mit Planenverdeck und Kabine. Zugleistung bis 40 t.

404/Unimog S/1955-1971

Motor
6-Zylinder Viertakt-Otto-Motor, Typ M 180/II-U, Bohrung/Hub 80,0/72,8 mm, Hubraum 2195 cm³, Verdichtung 6,8-7,0, 82 PS bei 4850/min, 158 Nm bei 3200/min, Höchstgeschwindigkeit 95 km/h, Kriechgeschwindigkeit 1,50 km/h.

Kraftübertragung und Fahrwerk
Einscheiben-Trockenkupplung, vollsynchronisiertes Sechsganggetriebe, davon 2 Geländegänge; Leiterrahmen, Portalachsen mit Differenzialsperren vorn und hinten, Vorderradantrieb zuschaltbar, Spiralfedern und Stoßdämpfer, hydraulische Trommelbremsen (auf Wunsch Saug- oder Druckluft-Servobremsen), Kugelumlauflenkung, Serienbreifung 10-20, Felgen 9 x 20.

Abmessungen und Gewichte
Länge, Breite, Höhe: 4600, 2130, 2190 mm (4925, 2140, 2190 mm), Radstand 2700 (2900) mm, Bodenfreiheit 400 mm, Ladefläche 2700 x 2000 x 500 mm (3000 x 2000 x 500 mm), Böschungswinkel vorn/hinten 45/46 Grad, Wendekreis 11,20 (13,00) m, Leergewicht 2900 kg, zul. Gesamtgewicht 4400 kg, Zuladung 1500 kg, Tankinhalt 120 l, Motorölinhalt 6,5 l.

Anmerkungen
Geländegängiger Lastwagen, Mannschafts- und Gerätewagen, Sanitätsfahrzeug. 1966: 17.870 DM, Stückzahl: ca. 60.000.

Unimog S: Wurde in privater Initiative oft auf Dieselantrieb umgerüstet

405/SHeck/1958–1960

Motor
Wie 404; genauere Beschreibung: 90 PS, 167 Nm, Druckumlaufschmierung, Ölkühler, Geländevergaser Zenith 32 NDIX, Wasserumlaufkühlung, Röhrenkühler, keilriemengetriebener achtflügeliger Hochdrucklüfter.

Kraftübertragung und Fahrwerk
wie 404, jedoch: ölhydraulische Servo-Blocklenkung. Bereifung: 12-18 Geländeprofil, Niederdruckreifen, Felgen 11-18.

Abmessungen und Gewichte
Länge, Breite, Höhe: je nach Aufbau, Radstand 2380 mm, Bodenfreiheit 405 mm, Böschungswinkel vorn/hinten 57/47 Grad, Leergewicht ca. 2300 kg, (nur Fahrgestell), Watfähigkeit 1000 mm.

Anmerkungen
Daten: Baubeschreibung vom 28.01.1959 und Datenblatt vom 20.04.1960. Hochgeländegängiges Fahrzeug, Stückzahl: 15; Aufbauten individuell von Fremdfirmen.

411 a,b und c/U 25-U 36/1956–71

Motor
4-Zylinder Diesel-Reihenmotor mit Vorkammer, Typ OM 636/VI-U, Bohrung/Hub 75,0/100,0 mm, Hubraum 1767 cm^3, Verdichtung 19,0, 30 PS bei 2550/min (ab 1959: 32 PS), Höchstgeschwindigkeit 53 km/h, Kriechgeschwindigkeit 0,25 km/h.
U 34: 34 PS bei 2750/min.
U 36: 36 PS

Kraftübertragung und Fahrwerk
Einscheiben-Trockenkupplung, klauengeschaltetes Sechsganggetriebe, Gänge 1 und 2 auch rückwärts fahrbar, auf Wunsch Kriechgang-Zusatzgetriebe mit 2 Stufen; Leiterrahmen, Portalachsen mit Differenzialsperren vorn und hinten, Radvorgelege, Vorderachsantrieb zuschaltbar, Schraubenfedern und Stoßdämpfer, hydraulische Trommelbremsen (auf Wunsch Druckluft-Bremsanlage) mechanische Spindellenkung, Serienbereifung 7,50-18 und 10,0-18, Felgen 5 x 18. Ab 3/1957 auf Wunsch und ab 9/1959 serienmäßig synchronisiertes Getriebe.

Abmessungen und Gewichte
Länge, Breite, Höhe: 3520, 1630, 2065 mm, Radstand 1720 mm, Bodenfreiheit 380 mm, Ladefläche 1475 x 1500 x 360 mm, Wendekreis 7,60 m, Leergewicht 1845/1950 kg, zul. Gesamtgewicht 3200/3500 kg, Zuladung 1355/1550 kg, Tankinhalt 40 l, Motorölinhalt 6 l.
Abweichende Daten für langen Radstand: Länge, Breite, Höhe: 3860, 1835, 2140 mm, Radstand 2120 mm, Bodenfreiheit 395 mm, Ladefläche 1750 x 1500 x 360 mm, Wendekreis 10,10 m, zul. Gesamtgewicht 3500 kg, Zuladung 1555 und 1510 kg.
Abweichende Daten für U 36: Radstand 2570 mm.

Anmerkungen
Schlepper, Arbeitsmaschine und Transporter. Zugleistung bis 38 t. Stückzahl: 39.581.

406/U 065-U 900/1963-88

Motor

6-Zylinder Diesel-Reihenmotor mit Vorkammer, Typ OM 312, (ab 06/1964 Direkteinspritzer, Typ OM 352), Bohrung/Hub 90,0/120,0 mm (97,0/128,0 mm), Hubraum 4580 cm^3 (5675 cm^3), 65 PS bei 2550/min, 200 Nm bei 1600/min, Höchstgeschwindigkeit 65 km/h, Kriechgeschwindigkeit 0,03 km/h.
U 70: 70 PS bei 2550/min, 240 Nm bei 1600/min.
U 80: 80 PS, ab Anfang 1969: Höchstgeschwindigkeit 71 km/h, Kriechgeschwindigkeit 0,08 km/h.
U 84: 84 PS, ab Anfang 1971: Höchstgeschwindigkeit 79,0 km/h, Kriechgeschwindigkeit 0,08 km/h.

Kraftübertragung und Fahrwerk

Einscheiben-Trockenkupplung, vollsynchronisiertes Achtganggetriebe, davon 2 Rückwärtsgänge, auf Wunsch Kriechgangzusatzgetriebe und Vorgelege; Leiterrahmen, Portalachsen mit Differenzialsperren vorn und hinten, Vorderradantrieb zuschaltbar, Spiralfedern und Stoßdämpfer, hydraulische Trommelbremsen (auf Wunsch Motorbremse, Druckluft-Anhänger-Bremsanlage), Kugelumlauflenkung, Serienbereifung 10,0-20 ES, auf Wunsch 12,5-20 ES.
U 70: Serienbereifung 10,5-20/8.

Abmessungen und Gewichte

Länge, Breite, Höhe: 4000, 2000, 2250 mm, Radstand 2380 mm, Bodenfreiheit 420 mm, Ladefläche 1950 x 1890 x 400 mm, Wendekreis 10,80 m, Leergewicht 2650 kg, zul. Gesamtgewicht 4500 kg, Zuladung 1850 kg, Tankinhalt 60 l, Motorölinhalt 8 (11) l.
U 70: Länge, Breite, Höhe: 4100, 2030, 2330 mm, Leergewicht 3100 kg, zul. Gesamtgewicht 5500 kg, Zuladung 2400 kg.
U 80: Ladefläche bei Doppelkabine: 1475 x 1890 x 400 mm, zul. Gesamtgewicht 5800 kg.

Anmerkungen

406.120: Offener Kasten mit Planenverdeck.
406.121: geschlossene Kabine. Vorgestellt: DLG-Ausstellung 1962. Erste Triebköpfe. Stückzahl: über 30 500.
U 70: 1966 bis 1968. Ab 24.950 DM.
U 80: 1969 bis 1971.
U 84 = U 900: 1971 bis 1988.

416/U 80-U 1100L/1965-88

Motor

6-Zylinder Diesel-Reihenmotor mit Direkteinspritzung, Typ OM 352, Bohrung/Hub 97,0/128,0 mm, Hubraum 5675 cm^3, 80 PS bei 2800/min, Höchstgeschwindigkeit 81 km/h, Kriechgeschwindigkeit 5,0 km/h.
U 90: 90 PS bei 2800/min.
U 100: 100 PS bei 2800/min.
U 110: 110 PS bei 2800/min.
U 125: 125 PS.
100 wird bei Daimler-Benz teilweise als 406.200 geführt, obwohl der Radstand mit dem 416 übereinstimmt; Bezeichnung noch: 426.

Kraftübertragung und Fahrwerk

Einscheiben-Trockenkupplung, vollsynchronisiertes Achtganggetriebe, davon 2 Rückwärtsgänge, auf Wunsch Kriechgangzusatzgetriebe und Vorgelege; Leiterrahmen, Portalachsen mit Differenzialsperren vorn und hinten, Vorderradantrieb zuschaltbar, Spiralfedern und Stoßdämpfer, hydraulische Trommelbremsen (auf Wunsch Motorbremse, Druckluft-Anhänger-Bremsanlage), Kugelumlauflenkung, Serienbereifung 10,0-20 ES, auf Wunsch 12,5-20 ES.
U 90: Serienbereifung 10,5 (12,5)-20/8PR.
U 100: Serienbereifung 10,5 (12,5)-20/10PR.
U 110: Serienbereifung 10,5 (12,5)-20/10PR.

Abmessungen und Gewichte

Länge, Breite, Höhe: 4650, 2150, 2350 mm, Radstand 2900 mm, Bodenfreiheit 415 mm, Ladefläche 1950 x 1890 x 400 mm, Wendekreis ca. 13 m, Leergewicht 2800-3200 kg, zul. Gesamtgewicht 5800-7000 kg, Zuladung 3000-3800 kg, Tankinhalt 75 l, Motorölinhalt 11 l.
U 90: Leergewicht 3200-3400 kg, zul. Gesamtgewicht 6000-7000 kg, Zuladung 2800-3600 kg.
U 100: Leergewicht 3300-3500 kg, zul. Gesamtgewicht 6000-7000 kg, Zuladung 2700-3500 kg.
U 110: Radstand 3400 mm.

Anmerkungen

Straßen- oder Sattelzugmaschine (langer Radstand). Ableitung vom 406, längerer Radstand, Grill modifiziert.
U 90: als Fahrgestell, 1969: 24.600 DM.
U 100: für schwere Transportaufgaben auf der Straße.

403/U 54-U 66-U 72/1966-1988

Motor

4-Zylinder Diesel-Reihenmotor mit Direkteinspritzung, Typ OM 314, Bohrung/Hub 97,0/128,0 mm, Hubraum 3782 cm^3, 54 PS bei 2550/min, Höchstgeschwindigkeit 65 km/h, Kriechgeschwindigkeit 0,08 km/h.
U 66: 66 PS bei 2550/min, Höchstgeschwindigkeit 79 km/h.
U 72: 72 PS bei 2550/min, Höchstgeschwindigkeit 79 km/h.

Kraftübertragung und Fahrwerk

Einscheiben-Trockenkupplung, vollsynchronisiertes Achtganggetriebe, davon 2 Rückwärtsgänge, auf Wunsch Kriechgangzusatzgetriebe und Vorgelege; Leiterrahmen, Portalachsen mit Differenzialsperren vorn und hinten, Vorderradantrieb zuschaltbar, Spiralfedern und Stoßdämpfer, hydraulische druckluftunterstützte Trommelbremsen, hydraulische Kugelmutterlenkung, Serienbereifung 10,5-20/6PR.
U 66: Serienbereifung 10,5-20/8PR.
U 72: Serienbereifung 10,5-20/10PR.

Abmessungen und Gewichte

Länge, Breite, Höhe: 4100, 2030, 2330 mm, Radstand 2380 mm, Bodenfreiheit 415 mm, Ladefläche 1950 x 1890 x 400 mm, Wendekreis ca. 11 m, Leergewicht ca 3500 kg, zul. Gesamtgewicht 5500 kg, Zuladung ca. 2000 kg, Tankinhalt 75 l, Motorölinhalt 8 l.
U 66: Leergewicht 3300-3500 kg, zul. Gesamtgewicht 4800-5800 kg, Zuladung ca. 2300 kg.
U 72: Leergewicht 3500 kg, zul. Gesamtgewicht 5800 kg, Zuladung 2300 kg.

Anmerkungen

Grundausstattung U 54 ab 23.000 Mark (1966). Fahrerhaus hochstellbar. U 66 teilweise als U 72 geführt, ab 1976 mit 75 PS, wird auch als U 066 geführt und ebenso als U 800 bezeichnet.

421 U 40-U 600/1966-88

Motor

4-Zylinder Diesel-Reihenmotor mit Vorkammer, Typ OM 621, Bohrung/Hub 87,0/92,4 mm, Hubraum 2197 cm^3, 40 PS bei 3000/min, Höchstgeschwindigkeit 54 km/h, Kriechgeschwindigkeit 0,05 km/h.
U 45: 45 PS bei 3000/min, Typ OM 615 II, Bohrung/Hub 90/92,4 mm, Hubraum 2456 cm^3, Höchstgeschwindigkeit 53 km/h, Kriechgeschwindigkeit 0,066 km/h.
U 52: 52 PS bei 3000/min Typ OM 616, Bohrung/Hub 90/92,4 mm, Hubraum 2456 cm^3, Höchstgeschwindigkeit 67 km/h, Kriechgeschwindigkeit 0,086 km/h.
U 60: 60 PS.

Kraftübertragung und Fahrwerk

Einscheiben-Trockenkupplung, vollsynchronisiertes Achtganggetriebe, davon 2 Rückwärtsgänge, auf Wunsch Kriechgangzusatzgetriebe und Vorgelege; Leiterrahmen, Portalachsen mit Differenzialsperren vorn und hinten, Vorderradantrieb zuschaltbar, Spiralfedern und Stoßdämpfer, hydraulische druckluftunterstützte Trommelbremsen, ZF-Gemmer-Lenkung, (auf Wunsch: Servolenkung), Serienbereifung: 10,5-18, auf Wunsch 10,8-20 oder 7,50-18.
U 52: Serienbereifung 10,5-18/6PR.

Abmessungen und Gewichte

Länge, Breite, Höhe: 4005, 1865, 2180 mm, Radstand 2250 mm, Bodenfreiheit 395 mm, Ladefläche 1475 x 1500 x 400 mm, Wendekreis ca. 10 m, Leergewicht 2450 kg, zul. Gesamtgewicht 3700 kg, Zuladung ca. 1250 kg, Tankinhalt 75 l, Motorölinhalt 13 l.
U 45: Leergewicht 2700 kg, zul. Gesamtgewicht 4000 kg, Zuladung 1300 kg.
U 52: Länge, Breite, Höhe: 4100, 1865, 2230 mm, Ladefläche 1750 x 1500 x 400 mm, Leergewicht 2850 kg, zul. Gesamtgewicht 4100 kg.
U 60: Radstand 2605 mm.

Anmerkungen

Komfortversion parallel zu 411/406 und 416. 130 mm verlängertes Fahrerhaus, 15% mehr Innenraum, bessere Geräuschdämpfung, 30% mehr Sichtfläche, Sitzverstellmöglichkeiten, Fahrerhaus aufstellbar. Ab 18.700 DM (1966). U 52 und U 60 werden teilweise auch als U 600/U 600 L bezeichnet.

413/U 472-U 800 L/1969-1988

Motor

4-Zylinder Diesel-Reihenmotor mit Direkteinspritzung, Typ OM 314, Bohrung/Hub 97,0/128,0 mm, Hubraum 3782 cm³, 80 PS bei 2550/min, Höchstgeschwindigkeit 72,8 km/h, Kriechgeschwindigkeit 5,0 km/h.

Kraftübertragung und Fahrwerk

Einscheiben-Trockenkupplung, vollsynchronisiertes Achtganggetriebe, davon 2 Rückwärtsgänge; Leiterrahmen, Portalachsen mit Differenzialsperren vorn und hinten, Vorderradantrieb zuschaltbar, Spiralfedern und Stoßdämpfer, hydraulische Trommelbremsen (auf Wunsch Motorbremse, Druckluft-Anhänger-Bremsanlage), Kugelumlauflenkung, Serienbereifung 10,0-20 ES, auf Wunsch 12,5-20 ES.

Abmessungen und Gewichte

Länge, Breite, Höhe: 4650, 2150, 2350 mm, Radstand 2900 mm, Bodenfreiheit 415 mm, Ladefläche 1950 x 1890 x 400 mm, Wendekreis ca. 13 m, Leergewicht 2800-3200 kg, zul. Gesamtgewicht 5800-7000 kg, Zuladung 3000-3800 kg, Tankinhalt 75 l, Motorölinhalt 8 l.

Anmerkungen

Geländegängiger Lastwagen. Ableitung vom 416, jedoch 4-Zylinder-Motor. Mercedes gibt teilweise nur 75 PS als Leistung an.

404/U 82-U 110/1971-1980

Motor

6-Zylinder Viertakt-Otto-Motor, Typ M 180/II-U, Bohrung/Hub 80,0/72,8 mm, Hubraum 2195 cm³, Verdichtung 6,8, 82 PS bei 4850/min, 158 Nm bei 3200/min, Höchstgeschwindigkeit 95 km/h, Kriechgeschwindigkeit 1,5 km/h. U 110: Typ M 130, Bohrung/Hub 86,5/78,8 mm, Hubraum 2778 cm³, 110 PS bei 4850/min, Höchstgeschwindigkeit 100 km/h.

Kraftübertragung und Fahrwerk

Einscheiben-Trockenkupplung, vollsynchronisiertes Sechsganggetriebe, davon 2 Geländegänge; Leiterrahmen, Portalachsen mit Differenzialsperren vorn und hinten, Vorderradantrieb zuschaltbar, Spiralfedern und Stoßdämpfer, hydraulische Trommelbremsen (auf Wunsch Saug- oder Druckluft-Servobremsen), Kugelumlauflenkung, auf Wunsch Servolenkung, Serienbreifung 10,5-20, Felgen 9 x 20.

Abmessungen und Gewichte

Länge, Breite, Höhe: 5025, 2130, 2250 mm, Radstand 2900 mm, Bodenfreiheit 400 mm, Ladefläche 3000 x 2000 x 500 mm, Böschungswinkel vorn/hinten 45/46 Grad, Wendekreis 13,0 m, Leergewicht 2970 kg, zul. Gesamtgewicht 5500 kg, Zuladung 2530 kg, Tankinhalt 130 l, Motorölinhalt 6,5 l.

Anmerkungen

Ab April 1971:
404.010 = 2,2 Liter, Klappverdeck.
404.011 = 2,2 Liter, Ganzstahl.
404.012 = 2,8 Liter, Klappverdeck.
404.013 = 2,8 Liter, Ganzstahl.
Fahrerhaus aufstellbar.

Technische Daten

425/435/U 120-U 1700L/1974-88

Motor

6-Zylinder Diesel-Reihenmotor mit Direkteinspritzung, Typ OM 352, (ab 1979: Typ OM 352 A mit Abgas-Turbolader), Bohrung/Hub 97,0/128,0 mm, Hubraum 5675 cm³, 125 PS bei 2600/min (150 PS bei 2800/min), Höchstgeschwindigkeit 86 km/h, Kriechgeschwindigkeit 0,08 km/h.

U 120: nur 1974 mit 120 PS.

U 1500: 150 PS bei 2800/min, Höchstgeschwindigkeit 84 km/h.

U 1700: 168 PS bei 2800/min, Höchstgeschwindigkeit 90 km/h.

Kraftübertragung und Fahrwerk

Einscheiben-Trockenkupplung, vollsynchronisiertes Achtganggetriebe mit integriertem Vorderradabtrieb, alle Gänge auch rückwärts fahrbar; Leiterrahmen, Portalachsen mit Differenzialsperren vorn und hinten, Radvorgelege, Querlenker und Schubrohr, Vorderradantrieb und Sperren pneumatisch zuschaltbar, Schraubenfedern und Stoßdämpfer, pneumatische Fremdkraft-Bremskraftanlage mir hydraulischer Übertragung, Zweikreis-Scheibenbremsen, Servolenkung, Serienbereifung 14,5-20.

U 1500: Serienbereifung 12,0-14,5-20.

U 1700: Serienbereifung 12,0-14,5-20.

Abmessungen und Gewichte

Länge, Breite, Höhe: 4750, 2300, 2740 mm, Radstand 2810 mm, Bodenfreiheit 440 mm, Ladefläche 2320 x 2140 x 450 mm, Wendekreis ca. 13 m, Leergewicht 5700 kg, zul. Gesamtgewicht 9000 kg, Zuladung 3300 kg, Tankinhalt 90 l, Motorölinhalt 11 l.

U 1500: Länge, Breite, Höhe: 4750, 2340, 2650 mm, Leergewicht 5400 kg, zul. Gesamtgewicht 10 600 kg, Zuladung 5200 kg.

U 1700: Länge, Breite, Höhe: 5210, 2340, 2650 mm, Radstand 3250 mm, Leergewicht 5650 kg, zul. Gesamtgewicht 10.600 kg, Zuladung 4950 kg.

Anmerkungen

U 1300 L und U 1700 L haben 3250 mm Radstand wie der U 1700.

424/U 1000-U 1550/1982-88

Motor

6-Zylinder Diesel-Reihenmotor mit Direkteinspritzung, Typ OM 352, Bohrung/Hub 97,0/128,0 mm, Hubraum 5675 cm³, 95 PS bei 2600/min, Höchstgeschwindigkeit 77 km/h, Kriechgeschwindigkeit 0,08 km/h.

U 1200/U 1250: 125 PS bei 2600/min.

U 1550: Motor-Typ OM 352 A mit Abgas-Turbolader, 150 PS bei 2800/min.

Kraftübertragung und Fahrwerk

Einscheiben-Trockenkupplung, vollsynchronisiertes Achtganggetriebe mit integriertem Vorderradabtrieb, alle Gänge auch rückwärts fahrbar; Leiterrahmen, Portalachsen mit Differenzialsperren vorn und hinten, Radvorgelege, Querlenker und Schubrohr, Vorderradantrieb und Sperren pneumatisch zuschaltbar, Schraubenfedern und Stoßdämpfer, pneumatische Fremdkraft-Bremskraftanlage mir hydraulischer Übertragung, Zweikreis-Scheibenbremsen, Servolenkung, Serienbereifung 9,00-20, (auf Wunsch: 10,0/12,5/14,5-20).

Abmessungen und Gewichte

Länge, Breite, Höhe: 4380, 2110, 2570 mm, Radstand 2650 mm, Bodenfreiheit 440 mm, Ladefläche 1950 x 1890 x 400 mm, Wendekreis ca. 12 m, Leergewicht 4450 kg, zul. Gesamtgewicht 6800 kg, Zuladung 2350 kg, Tankinhalt 90 l, Motorölinhalt 11 l.

U 1200: Länge, Breite, Höhe: 4470, 2110, 2610 mm, Leergewicht 4210 kg, zul. Gesamtgewicht 7500-9000 kg, Zuladung 3290-4790 kg.

U 1250/U 1550: Länge, Breite, Höhe: 5070, 2110, 2610 mm, Radstand 3250 mm, Wendekreis ca. 14 m, Leergewicht 4800 kg, zul. Gesamtgewicht 7500-10.000 kg, Zuladung 3700-5200 kg.

417/U 800-U 1150 L/1988-1992

Motor

6-Zylinder Diesel-Reihenmotor mit Direkteinspritzung, Typ OM 352, Bohrung/Hub 97,0/128,0 mm, Hubraum 5675 cm^3, Verdichtung 17, 84 PS bei 2550/min, 260 Nm bei 1700/min (110 PS bei 2800/min, 314 Nm bei 1700/min), Höchstgeschwindigkeit 78 km/h, Kriechgeschwindigkeit 0,50 km/h.
U 800: 4-Zylinder Diesel-Reihenmotor mit Direkteinspritzung, Typ OM 314, Bohrung/Hub 91,0/128,0 mm, Hubraum 3780 cm^3, 75 PS bei 2600/min, Höchstgeschwindigkeit 73,0 km/h, Kriechgeschwindigkeit 0,5 km/h.
U 1150/L: 110 PS bei 2800/min, 314 Nm bei 1700/min, Höchstgeschwindigkeit 86 km/h, Kriechgeschwindigkeit 0,59 km/h.

Kraftübertragung und Fahrwerk

Einscheiben-Trockenkupplung, vollsynchronisiertes Achtganggetriebe mit integriertem Vorderradabtrieb, Gänge 1 bis 4 auch rückwärts fahrbar; Leiterrahmen, Portalachsen mit Differenzialsperren vorn und hinten, Radvorgelege, Querlenker und Schubrohr, Vorderradantrieb und Sperren pneumatisch zuschaltbar, Schraubenfedern und Stoßdämpfer, hydraulische Zweikreis-Scheibenbremsen, ZF-Kugelmutter-Hydrolenkung, Serienbereifung 10,5-IR20, Felgen 9 x 20.

Abmessungen und Gewichte

Länge, Breite, Höhe 4100, 2040, 2560 mm, Radstand 2380 mm, Bodenfreiheit 440 mm, Ladefläche 1910 x 1890 x 400 mm, Böschungswinkel 45 Grad, Wendekreis 11,2 m, Leergewicht 3760 kg, zul. Gesamtgewicht 6500 kg, Zuladung 2740 kg, Anhängelast ungebremst 750 kg, mit Auflaufbremse 8000 kg, Tankinhalt 90 l, Motorölinhalt 11,0 l.
U 1150: Länge. Breite, Höhe 4620, 2040, 2560 mm, Radstand 2900 mm, Wendekreis 12,8 m, Leergewicht 3140 kg, Zuladung 3360 kg.
U 1150 L: Länge. Breite, Höhe 4765, 2040, 2560 mm, Leergewicht 3090 kg, Zuladung 3410 kg, Anhängelast ungebremst 750 kg, mit Auflaufbremse 3500 kg.
U 1150 L/34: Länge, Breite, Höhe 5380, 2040, 2560 mm, Radstand 3400 mm, Wendekreis 14,4 m, Leergewicht 3140 kg, Zuladung 3360 kg, Tankinhalt 130/165 l.

Anmerkungen

Über Code m03 gab es auch für den U 900 den Motor des U 1150 mit 110 PS.

407/U 600-U 650 L/1987-1992

Motor

4-Zylinder Diesel-Reihenmotor mit Vorkammer, Typ OM 616, Bohrung/Hub 90,9/92,4 mm, Hubraum 2399 cm^3, Verdichtung 21,1, 52 PS bei 3000/min, 137 Nm bei 2000/min, Höchstgeschwindigkeit 67 km/h Kriechgeschwindigkeit 0,50 km/h.
U 650: 60 PS bei 3500/min, Höchstgeschwindigkeit 77 km/h.

Kraftübertragung und Fahrwerk

Einscheiben-Trockenkupplung, vollsynchronisiertes Achtganggetriebe mit integriertem Vorderradabtrieb, Gänge 1 bis 4 auch rückwärts fahrbar; Leiterrahmen, Portalachsen mit Differenzialsperren vorn und hinten, Radvorgelege, Querlenker und Schubrohr, Vorderradantrieb und Sperren pneumatisch zuschaltbar, Schraubenfedern und Stoßdämpfer, hydraulische Zweikreis-Trommelbremsen, mechanische Lenkung (Servolenkung auf Wunsch), Serienbereifung 10,5-18, Felgen 9 x 18.

Abmessungen und Gewichte

Länge, Breite, Höhe 4010, 1895, 2450 mm, Radstand 2250 mm, Bodenfreiheit 415 mm, Ladefläche 1750 x 1600 x 400 mm, Böschungswinkel 43 Grad, Wendekreis 10,4 m, Leergewicht 2670 kg, zul. Gesamtgewicht 4500 kg, Zuladung 1830 kg, Anhängelast ungebremst 750 kg, mit Auflaufbremse 8000 kg, Tankinhalt 90 l, Motorölinhalt 7,0 l.
U 650: Länge, Breite, Höhe: 4375, 1895, 2450 mm, Radstand 2605 mm, Wendekreis 11,5 m, Leergewicht 3050 kg, Zuladung 1450 kg.
U 650 L: Länge, Breite, Höhe 4740, 1895, 2450 mm, Leergewicht 2360 kg, Zuladung 2140 kg. Keine Anhängelasten zugelassen.

Anmerkungen

Zul. Gesamtgewicht kann in Verbindung mit Geräten und Sonderausführungen bis 5800 kg betragen.

427/U 1000-U 1650 L/1988-2000

Motor
6-Zylinder Diesel-Reihenmotor mit Direkteinspritzung, Typ OM 366, Bohrung/Hub 97,5/133,0 mm, Hubraum 5958 cm³, Verdichtung 17,25, 102 PS bei 2400/min, 350 Nm bei 1500-1800/min, Höchstgeschwindigkeit 89 km/h, Kriechgeschwindigkeit 0,16 km/h.
U 1200: Direkteinspritzung und Turbolader, Typ OM 366 A, Verdichtung 16,5, 125 PS bei 2400/min, 425 Nm bei 1600-1800/min.
U 1400: 136 PS bei 2400/min, 470 Nm bei 1600-1800/min.
U 1600: 156 PS bei 2400/min, 530 Nm bei 1500-1600/min.
U 1250: Direkteinspritzung und Turbolader, Typ OM 366 A, Verdichtung 16,5, 125 PS bei 2400/min, 425 Nm bei 1600-1800/min.
U 1450: 136 PS bei 2400/min, 470 Nm bei 1600-1800/min.
U 1650: 156 PS bei 2400/min, 530 Nm bei 1500-1600/min.
U 1250 L: Direkteinspritzung und Turbolader, Typ OM 366 A, Verdichtung 16,5, 125 PS bei 2400/min, 425 Nm bei 1600-1800/min, Höchstgeschwindigkeit 73 km/h.
U 1650 L: 156 PS bei 2400/min, 530 Nm bei 1500-1600/min, Höchstgeschwindigkeit 74 km/h.

Kraftübertragung und Fahrwerk
Einscheiben-Trockenkupplung, vollsynchronisiertes Achtganggetriebe mit integriertem Vorderradabtrieb, alle Gänge auch rückwärts fahrbar; Leiterrahmen, Portalachsen mit Differenzialsperren vorn und hinten, Radvorgelege, Querlenker und Schubrohr, Vorderradantrieb und Sperren pneumatisch zuschaltbar, Schraubenfedern und Stoßdämpfer, pneumatische Fremdkraft-Bremskraftanlage mir hydraulischer Übertragung, Zweikreis-Scheibenbremsen, Servolenkung, Serienbereifung 12,5/R20, Felgen 11 x 20.
U 1600, U 1650, U 1650 L: Serienbereifung: 12R 22,5, Felgen 22,5 x 9,00.

Abmessungen und Gewichte
Länge, Breite, Höhe 4470, 2110, 2620 mm, Radstand 2650 mm, Bodenfreiheit 440 mm, Ladefläche 1950 x 1890 x 400 mm, Böschungswinkel 46 Grad, Wendekreis 12 m, Leergewicht 4160 kg, zul. Gesamtgewicht 7500 kg, Zuladung 3340 kg, Anhängelast ungebremst 750 kg, mit Auflaufbremse 8000 kg, Tankinhalt 90 l, Motorölinhalt 14,5 l.
U 1200: Leergewicht 4210 kg, Zuladung 3290 kg.
U 1400: Leergewicht 4210 kg, Zuladung 3290 kg.
U 1600: Länge, Breite, Höhe 4470, 2170, 2655 mm, Bodenfreiheit 495 mm, Wendekreis 12,5 m, Leergewicht 4650 kg, zul. Gesamtgewicht 10.000 kg, Zuladung 5350 kg.
U 1250/U 1450: Länge, Breite, Höhe 5100, 2100, 2620 mm (5320, 2100, 2620 mm), Radstand 3250 mm, Bodenfreiheit 440 mm, Ladefläche 2320 x 1950 x 380 mm (2800 x 1950 x 380 mm), Böschungswinkel vorn/hinten 47/57 Grad, Wendekreis 14,10 m, Leergewicht 4590 kg, Zuladung 2910 kg.
U 1650: Länge, Breite, Höhe 5100, 2170, 2655 mm (5320, 2100, 2620 mm), Radstand 3250 mm, Bodenfreiheit 495 mm, Ladefläche 2320 x 1950 x 380 mm (2800 x 1950 x 380 mm), Böschungswinkel vorn/hinten 46/57 Grad, Leergewicht 5300 kg, zul. Gesamtgewicht 10.000 kg, Zuladung 4700 kg.
U 1250 L: Länge, Breite, Höhe 5110, 2100, 2620 mm, Radstand 3250 mm, Bodenfreiheit 440 mm, Böschungswinkel vorn/hinten 46/51 Grad, Wendekreis 14,10 m, Leergewicht 3800 kg, Zuladung 3700 kg.
U 1650 L: Länge, Breite, Höhe 5150, 2170, 2655 mm, Radstand 3250 mm, Bodenfreiheit 495 mm, Böschungswinkel vorn/hinten 46/52 Grad, Leergewicht 4200 kg, zul. Gesamtgewicht 10.000 kg, Zuladung 5800 kg.

Anmerkungen
Ab März 1992 konnte der U 1600 (214) mit dem Fahrzeugcode 427.107 auch mit 214 PS geliefert werden. Im April 1992 kam zusätzlich mit dem Code m05 der 180 PS-Motor aus dem U 1800 in den Verkauf (siehe U 1800 bei Baureihe 437).

437/U 1700-U 2400 und
U 1350 L-U 2450 L/38/1988-2000

Motor

6-Zylinder Diesel-Reihenmotor mit Direkteinspritzung, Typ OM 366 A, Bohrung/Hub 97,5/133,0 mm, Hubraum 5958 cm3, Verdichtung 16,5, 170 PS bei 2600/min, 560 Nm bei 1400-1500/min, Höchstgeschwindigkeit 90 km/h, Kriechgeschwindigkeit 0,16 km/h.

U 2100: Direkteinspritzung und Turbolader mit Ladeluftkühlung, Typ OM 366 LA, 214 PS bei 2600/min, 660 Nm bei 1400-1700/min.

U 1350 L: 136 PS bei 2400/min, 470 Nm bei 1600-1800/min.

U 1550 L: 156 PS bei 2400/min, 530 Nm bei 1500-1600/min.

U 1550 L/37: Höchstgeschwindigkeit 89 km/h.

U 1800: 180 PS bei 2400/min.

U 2150: Direkteinspritzung und Turbolader mit Ladeluftkühlung, Typ OM 366 LA, 214 PS bei 2600/min, 660 Nm bei 1400-1700/min.

U 2400/U 2450: Typ OM 366 LA, 240 PS bei 2600/min, 760 Nm bei 1500/min.

Kraftübertragung und Fahrwerk

Einscheiben-Trockenkupplung, vollsynchronisiertes Achtganggetriebe mit integriertem Vorderradabtrieb, alle Gänge auch rückwärts fahrbar; Leiterrahmen, Portalachsen mit Differenzialsperren vorn und hinten, Radvorgelege, Querlenker und Schubrohr, Vorderradantrieb und Sperren pneumatisch zuschaltbar, Schraubenfedern und Stoßdämpfer, pneumatische Fremdkraft-Bremskraftanlage mir hydraulischer Übertragung, Zweikreis-Scheibenbremsen, Servolenkung, Serienbereifung 13R 22,5 Felgen 22,5 x 9,00.

U 1350 L + U 1550 L: Serienbereifung 12,5/R20, Felgen 11 x 20.

U 1550 L/37: Serienbereifung 12,5/R20, Felgen 11 x 20.

Abmessungen und Gewichte

Länge, Breite, Höhe 4750, 2340, 2750 mm, Radstand 2810 mm, Bodenfreiheit 500 mm, Ladefläche 2320 x 2140 x 450 mm, Böschungswinkel vorn/hinten 48/60 Grad, Wendekreis 13 m, Leergewicht 5400 kg, zul. Gesamtgewicht 10600 kg, Zuladung 5200 kg, Anhängelast ungebremst 1900 kg, mit Auflaufbremse 8000 kg, Tankinhalt 160 l, Motorölinhalt 14,5 l.

U 2100: Länge, Breite, Höhe 4750, 2340, 2850 mm, Leergewicht 5430 kg, Zuladung 5170 kg.

U 1350 L, U 1550 L: Länge, Breite, Höhe 5110, 2300, 2650 mm, Radstand 3250 mm, Bodenfreiheit 440 mm, Böschungswinkel vorn/hinten 46/51 Grad, Wendekreis 14,10 m, Leergewicht 3900 kg, Zuladung 3600 kg.

U 1550 L/37: Länge, Breite. Höhe 5560, 2300, 2650 mm, Radstand 3700 mm, Bodenfreiheit 440 mm, Böschungswinkel vorn/hinten 46/51 Grad, Wendekreis 15,50 m, Leergewicht ca. 4060 kg, zul. Gesamtgewicht 7500 kg, Zuladung ca. 3440 kg.

U 1750: Länge, Breite, Höhe 5210, 2340, 2750 mm, Radstand 3250 mm, Ladefläche 2550 x 2200 x 500 mm, Wendekreis 13,8 m, Leergewicht 5650 kg, Zuladung 4950 kg.

U 1750 L: Länge, Breite, Höhe 5150, 2340, 2650 mm, Radstand 3250 mm, Böschungswinkel vorn/hinten 48/54 Grad, Wendekreis 13,80 m, Leergewicht ca. 4780 kg, zul. Gesamtgewicht 10.600 kg, Zuladung ca. 5820 kg.

U 1750 L/38: Länge, Breite, Höhe 6170, 2340, 2650 mm, Radstand 3850 mm, Böschungswinkel vorn/hinten 48/37 Grad, Wendekreis 15,70 m, Leergewicht ca. 5040 kg, zul. Gesamtgewicht 12.500 kg, Zuladung ca. 7460 kg.

U 2150/U 2450: Länge, Breite, Höhe 5210, 2340, 2750 mm, Radstand 3250 mm, Ladefläche 2550 x 2200 x 500 mm, Wendekreis 13,8 m, Leergewicht 5680 kg, Zuladung 4920 kg.

U 2150 L/U 2450 L: Länge, Breite, Höhe 5150, 2340, 2750 mm, Radstand 3250 mm, Böschungswinkel vorn/hinten 48/54 Grad, Wendekreis 13,80 m, Leergewicht ca. 4810 kg, zul. Gesamtgewicht 10.600 kg, Zuladung ca. 5790 kg.

U 2150 L/38; Länge, Breite, Höhe: 6170, 2340, 2750 mm, Radstand 3850 mm, Böschungswinkel vorn/hinten 48/37 Grad, Wendekreis 15,70 m, Leergewicht ca. 5070 kg, zul. Gesamtgewicht 12.500 kg, Zuladung ca. 7430 kg.

Anmerkungen

Bei Fahrzeugen mit zul. Gesamtgewicht bis 10.600 kg kann dieser Wert bis 14.000 kg betragen, je nach Sonderausführungen. Ab April 1992 ersetzen U 1800-U 1850 L/38 die Modelle U 1700-U 1750 L/38. Außerdem ist der U 1550 L ab Februar mit 214 und ab April mit 180 PS lieferbar. Für den Triebkopf ist der 180-PS-Motor ab Mitte 1992 erhältlich.

408/U 90-U 100 L/1992-2000

Motor

5-Zylinder-Diesel-Reihenmotor mit Vorkammer, Typ OM 602, Bohrung/Hub 89,0/92,4 mm, Hubraum 2874 cm^3, 87 PS bei 3600/min, 186 Nm bei 2400-2600/min, Höchstgeschwindigkeit 74 bis 95 km/h (je nach Bereifung und Getriebeausführung).
U 100 L: 91 PS bei 4000/min, Höchstgeschwindigkeit 80 bis 106 km/h.

Kraftübertragung und Fahrwerk

Einscheiben-Trockenkupplung, vollsynchronisiertes Getriebe mit 8 Vorwärts- und 4 Rückwärtsgängen; Allradantrieb, Portalachsen mit Radvorgelege, Differenzialsperren in beiden Achsen, Vorderachsantrieb zuschaltbar, Schraubenfedern und Stoßdämpfer, pneumatische Zweikreis-Fremdkraftbremse mit hydraulischer Übertragung, Scheibenbremsen, hydraulische ZF-Servolenkung, Bereifung 10,5-20 mPT 6 PR, Felgen 9 x 20.

Abmessungen und Gewichte

Länge, Breite, Höhe 4430, 1912, 2455 mm (mit Hochdach 2590 mm), Radstand 2690 mm, Böschungswinkel vorn/hinten 44/60 Grad, Bodenfreiheit 400 mm, Ladefläche 1750 x 1700 x 400 mm, Kippladefläche: 1475 x 1700 x 400 mm, Wendekreis 11,2-11,5 m, Leergewicht ca. 3000 kg, zul. Gesamtgewicht 4800 kg (in Vorbereitung: 6200 kg), Zuladung ca. 1800 kg, Anhängelast ungebremst 750 kg, mit Auflaufbremse 6200 kg, Tankinhalt 110 l.
U 100 L: Länge (mit Pritsche) 5070 mm, Radstand 3220 mm, Ladefläche 2600 x 1700 x 400 mm, Wendekreis 12,85 bis 13,30 m.

Anmerkungen

Drucklufterzeugungsanlage serienmäßig. Leistungs- und Drehmomentangabe bezieht sich auf Ausführung mit Starrlüfter. Mit Viskolüfter liegen beide Werte etwas höher (91 PS/189 Nm).

418/U 110-U 140 L/1992-2000

Motor

4-Zylinder-Diesel-Reihenmotor mit Direkteinspritzung, Typ OM 364 A mit Abgasturbolader und mechanischem Drehzahlregler, Bohrung/Hub 97,5/133,0 mm, Hubraum 3972 cm^3, 102 PS bei 2400/min, 358 Nm bei 1300-1500/min, Höchstgeschwindigkeit 78-106 km/h.
U 140: Typ OM 364 LA mit Ladeluftkühler, 133 PS 2400/min, 428 Nm bei 1300-1800/min.
U 110 L: 105 PS bei 2600/min, Höchstgeschwindigkeit 84-107 km/h.
U 140 L: Typ OM 364 LA, 135 PS bei 2600/min, Höchstgeschwindigkeit 84-107 km/h.

Kraftübertragung und Fahrwerk

Einscheiben-Trockenkupplung, vollsynchronisiertes Getriebe mit 8 Vorwärts- und 4 Rückwärtsgängen, Allradantrieb, Differenzialsperren in beiden Achsen, während der Fahrt pneumatisch zuschaltbar, Portalachsen mit Radvorgelege, pneumatische Zweikreis-Fremdkraftbremse mit hydraulischer Übertragung, Scheibenbremsen rundum, hydraulische Servolenkung Typ LS6, Bereifung 10,5-20 MPT 10 PR, Felgen 9 x 20.

Abmessungen und Gewichte

Länge, Breite, Höhe 4550, 2096, 2530 mm (mit Hochdach 2670 mm), Radstand 2830 mm, Bodenfreiheit 434 mm, Ladefläche 1950 x 1900 x 400, kippbare Ladefläche 1475 x 1900 x 400 mm, Böschungswinkel 55/53 Grad, Wendekreis 12,0 m, Leergewicht ca. 3700 kg, zul. Gesamtgewicht 7200 kg bis 8500 kg, Zuladung ca. 3500 kg, Anhängelast ungebremst 750 kg, mit Auflaufbremse 8000 kg, Tankinhalt 110 l.
U 110 L und U 140 L: Länge, Breite, Höhe 5623, 2096, 2530 (2670) mm, Radstand 3470 mm, Ladefläche 3000 x 2000 x 500 mm, Leergewicht ca. 3900 kg, Zuladung ca. 3300 kg, Wendekreis 13,85 m.

Anmerkungen

Die Anhängelast kann bei durchgehender Bremsanlage bis 32.000 kg betragen. Höhenangabe bei Reifen 12.5 R 20. zul. Gesamtgewicht erhöht sich mit Sonderausstattungen u. U. auf 7500 kg. Triebkopf ist mit dem OM 364 LA ausgerüstet: U 140 T. Leistungs- und Drehmomentangabe bezieht sich auf Ausführung mit Starrlüfter. Mit Viskolüfter liegen beide Werte etwas höher (105 PS/360 Nm, 135 PS/430 Nm).

405 / U 300-U 400-U 500 / ab 2000

Motor

4-Zylinder-Diesel-Reihenmotor mit Direkteinspritzung, Turbolader und Ladeluftkühlung, Typ OM 904 LA, 2 Einlassventile, 1 Auslassventil, Bohrung/Hub 102/130 mm, Hubraum 4249 cm^3, 150 PS (Baumuster 904.927) bei 2200/ min, 580 Nm bei 1200-1600/min und 177 PS (Baumuster 904.928) bei 2200/min, 675 Nm bei 1200-1600 /min, Höchstgeschwindigkeit 65 bis 85 km/h.

U 400: lieferbar mit OM 904 LA mit 177 PS wie oben und 6-Zylinder-Diesel-Reihenmotor mit Direkteinspritzung, Turbolader und Ladeluftkühlung, Typ OM 906 LA, Bohrung/Hub 102/130 mm, Hubraum 6374 cm^3, 231 PS (Baumuster 906.935) bei 2200/min, 810 Nm bei 1200- 160 /min.

U 500: lieferbar mit OM 906.935 wie U 400 und OM 906.955 mit 279 PS bei 2200/min, 1100 Nm bei 1200-1600/min

Kraftübertragung und Fahrwerk

Einscheiben-Trockenkupplung, vollsynchronisiertes Getriebe mit 8 Vorwärts- und 6 Rückwärtsgängen, elektro-pneumatische Schaltung (Telligent), Tempomat/Temposet; permanenter Allradantrieb mit sperrbarem Längsdifferenzial, Differenzialsperre hinten serienmäßig, auf Wunsch auch VA mit Sperre ausrüstbar, Portalachsen, Schraubenfedern, Teleskopstoßdämpfer und Stabilisatoren an Vorder- und Hinterachse, Differenzialsperre an Hinterachse, während der Fahrt elektro-pneumatisch zuschaltbar; pneumatisch/hydraulische Zweikreis-Scheibenbremsanlage, Federspeicher-Feststellbremse, Antiblockiersystem, automatisch lastabhängig geregelt, zweistufige Motorbremse, hydraulische Servolenkung. Bereifung 12,5 R 20 132 J, Scheibenrad 22,5 x 9,00.
U 400: Bereifung 305/70 R 22,5 152L
U 500: Bereifung 315/80 R 22,5 Straße

Abmessungen und Gewichte

Lange, Breite, Höhe 5100/5620, 2150, 2830 mm, Radstand 3080 und 3600 mm, Böschungswinkel vorn/hinten 26/45 Grad, Bodenfreiheit 370 mm, Wendekreis 13,7 m und 15,4 m, Leergewicht 5380 bis 6240 kg, zulässiges Gesamtgewicht 7500 bis 10.200 kg, Anhängelast 750 kg (ungebremst) bis maximal 24.000 kg, im 2-Wegebetrieb bis 1000 t, Tankinhalt 145 L, Motorölinhalt 15,8 L.

U 300: Komfortabler als jeder Unimog zuvor. Allein die Wendigkeit litt gegenüber früheren Modellen ein wenig.

U 400: Länge, Breite Höhe 5100/5620, 2200, 2860 mm, Böschungswinkel vorn/hinten 26/47 Grad, Bodenfreiheit 400 mm, Wendekreis 14,0 m und 15,7 m, Leergewicht 5480 kg (Fahrgestell), 6360 bis 6660 kg, zulässiges Gesamtgewicht 11.990 bis 12.500 kg, Anhängelast 750 kg bis maximal 28.000 kg, Tankinhalt 200 Liter, Motorölinhalt (OM 906.935) 28,8 L.

U 500: Länge, Breite, Höhe 5384/6120, 2300, 2970 mm, Radstand 3350 oder 3900 mm, Böschungswinkel vorn/ hinten 29/50 Grad, Bodenfreiheit 420 mm, Wendekreis 15,1 und 16,9 m, Leergewicht 7660 bis 7820 kg, zulässiges Gesamtgewicht 11.990 bis 16.000 kg, Anhängelast 750 bis maximal 28.000 kg, Tankinhalt 200, auf Wunsch 250 L.

Anmerkungen

Angaben zu Abmessungen bei Serienbereifung in unbeladenem Zustand; Klimaanlage serienmäßig, auf Wunsch Wechsellenkung VarioPilot, Kabinenhaus kippbar aus Faserverbund-Werkstoff.

437.4/U 3000, U 4000, U 5000/ab 2003

Motor
4-Zylinder-Diesel-Reihenmotor mit Direkteinspritzung, Abgasturbolader, Ladeluftkühlung und Kühlmittel-Umlaufkühlung, Typ OM 904 LA, 2 Einlassventile, 1 Auslassventil, Bohrung/Hub 102/130 mm, Hubraum 4249 Kubikzentimeter, 150 PS (Typ 4000: OM 904 LA/924 LA, 177 PS/218 PS) bei 2200/min, 580 Nm (Typ 4000: 675/810) bei 1200 bis 1600/min.
Typ 5000: Hubraum 4801 Kubikzentimeter, 218 PS bei 2200/min, 810 Nm bei 1200-1600/min

Kraftübertragung und Fahrwerk
Einscheiben-Trockenkupplung, vollsynchronisiertes Getriebe mit 8 Vorwärts- und 6 Rückwärtsgängen, Geländegänge optional, elektropneumatische Schaltung (Telligent), pneumatisch zuschaltbarer Allradantrieb, elektropneumatische Wendeschaltung EQR, integriertes Verteilergetriebe, Portalachsen mit Differenzialsperren, Radvorgelege, Querlenker und Schubrohr, Schraubenfedern vorn und hinten, Leiterrahmen aus 2 U-Längsträgern mit geschweißten Rohrquerträgern, pneumatisch-hydraulische Zweikreis-Scheibenbremse mit 4-Kanal ABS (abschaltbar) automatische lastabhängige Bremse (ALB), Federspeicher-Feststellbremse, hydraulische Servolenkung. Bereifung 12,6 R 335/80 R 20 (Option: 365/80 R 20 / 405/70 R 20) U 5000: 14,5 R20, 365/80 R 20 (Option: 445/65 R 22,5 / 455/70 R 24)

Abmessungen und Gewichte
Länge/Breite/Höhe U 3000/U 4000: 5410(6010)/2300/2662 mm, U 5000: 5410(6010)/2340/2830 mm, Radstand 3250 (3850) mm, Böschungswinkel von 56 Grad, hinten 41 Grad, Watfähigkeit 800 mm (Option: 1200 mm), Bodenfreiheit 438 mm, U 5000: 480 mm, Wendekreis 14,5 (16,5) m, zul. Gesamtgewicht U 3000: 7500, U 4000: 8500, U 5000: 12.500 Kilogramm (Feuerwehr: U 3000/U 4000: 9500, U 5000: 14.100 Kilogramm), Tankinhalt: 160 Liter (Abmessungen mit Serienbereifung, unbeladen)

PRODUKTIONSZAHLEN NACH BAUREIHEN

Baureihen	Bauzeit	Stückzahl
70200	1948 – 1951	600 (Boehringer)
2010	1951 – 1953	5846
401/402	1953 – 1956	10.928 (2916 Ganzstahlfahrerhaus)
404 S	1955 – 1972	64.257
411	1956 – 1974	39.581
406	1962 – 1988	37.069
416	1966 – 1989	45.513
421	1966 – 1988	18.995
403	1966 – 1989	5063
413	1969 – 1988	633
425	1974 – 1988	5778
435	1974 – 1988	30.726
424	1976 – 1988	11.233
407	1987 – 1992	789
417	1988 – 1992	2275
427	1988 – 2002	16.401
437	1988 – 2002	11.507
408	1992 – 2000	2050
418	1992 – 2000	1223
405	ab 2000	3197 (bis 12/2003)
437.4	ab 2003	289 (bis 12/2003)
		322.552
409 (UX 100)*	1996 – 1998	790
MBtrac**	1972 – 1991	41.365
		364.707

* Schmalspurgeräteträger
**Ackerschlepper

PREISENTWICKLUNG

(Beispiele)

Boehringer	1948	13.800 DM
404S	1966	17.870 DM
416	1969	24.600 DM
427	1980	70.000 DM
427	1997	123.000 DM
405	2003	103.000 Euro

Technische Daten

Lieferzahlen
Lieferung nach Branchen im Inland

Jahre	Land- und Forstwirtschaft	Bau	Gewerbe und Industrie	Kommunen/ Behörden	Sonstige Lager-/ Vorführmaschinen	Summe Zivil	Nichtzivile Behörden/BWB	Gesamtlieferungen	
1951	556	15	31	42	20	664	-	664	1950
1952	786	47	141	130	105	1209	57	1266	
1953	831	77	211	190	126	1435	92	1527	
1954	935	129	288	363	108	1823	245	2068	
1955	1273	198	405	423	137	2436	807	3243	
1956	1209	175	476	331	110	2301	1123	3424	
1957	1095	117	315	293	87	1907	2025	3932	
1958	1228	198	439	346	65	2276	2507	4783	
1959	970	179	397	371	61	1978	3547	5525	
1960	1215	235	577	471	111	2609	4825	7434	1960
1961	1156	232	338	792	127	2645	4575	7220	
1962	995	211	399	698	158	2461	4128	6589	
1963	837	285	728	861	111	2822	4658	7480	
1964	1152	362	733	789	192	3228	3577	6805	
1965	1168	285	696	749	89	2987	4479	7466	
1966	1081	243	655	681	181	2841	3186	6027	
1967	962	285	403	655	68	2373	1298	3671	
1968	796	396	525	557	90	2364	961	3325	
1969	1166	611	682	865	80	3404	1134	4538	
1970	1525	566	1089	1529	181	4890	1335	6225	1970
1971	1175	596	776	1139	232	3918	208	4126	
1972	949	407	616	1048	112	3132	33	3165	
1973	1029	386	637	1007	126	3185	154	3339	
1974	699	205	522	1121	104	2651	1	2652	
1975	689	204	458	809	215	2375	4	2379	
1976	647	245	356	736	164	2148	3	2151	
1977	780	263	498	770	104	2415	-	2415	
1978	648	310	486	1062	163	2669	552	3221	
1979	661	350	534	1313	207	3065	1286	4351	
1980	486	319	541	1078	159	2583	1514	4097	1980
1981	341	248	418	891	137	2035	1612	3647	
1982	289	120	379	738	94	1620	2177	3797	
1983	356	157	284	878	48	1723	2211	3934	
1984	241	90	254	1036	98	1719	2179	3898	
1985	263	99	306	874	35	1577	2187	3764	
1986	227	98	306	880	66	1577	2261	3838	
1987	220	93	275	1018	7	1613		1613	1987
1988	241	112	294	944	8	1599		1599	
1989	241	114	319	946	4	1624		1624	
1990	285	121	328	964	65	1763	279	2042	
1991	209	151	395	608	272	1635		1635	
1951-1991	31.612	9534	18.510	30.996	4627	95.279	61.220	156.499	

Ab 1987 mit anderer Klassifizierung der 5 Branchen.
Quelle: Mercedes-Benz/ DaimlerChrysler AG, Presse-Abteilung, Stuttgart u. Gaggenau

Quellen

Bücher

Döhmann, Lars und Niemeier, Jost
Das neue große Unimog-Buch,
Königswinter, 2001

Fischer, Klaus
Feuerwehrfahrzeuge in der Schweiz,
Berlin, 2000

Fischer, Klaus
Löschgruppenfahrzeuge LF8,
Berlin, 2003

Johanßen, Axel, Ziegler
Fahrzeugbau für die Feuerwehr,
Nümbrecht-Elsenroth, 2003

Maile, Ralf
Das Buch vom Unimog,
Stuttgart, 2000

Maile, Ralf
Unimog im Einsatz,
Stuttgart, 2001

Maile, Ralf
Unimog – das Multitalent auf Rädern,
Stuttgart, 2003

Mutard, Dieter,
Unimog Chronologie eines Welterfolges,
Stuttgart, 2003

Archivunterlagen

DaimlerChrysler AG/
Konzernarchiv, Stuttgart-Untertürkheim

DaimlerChrysler AG/
Pressestelle Nutzfahrzeuge, Stuttgart-Möhringen

DaimlerChrysler AG/
Produktbereich Unimog/Sonderfahrzeuge, Wörth

Sammlung aus Städtereinigung
und Entsorgung (SASE), Iserlohn

Archiv des Autors

Fotoquellen

DaimlerChrysler AG/
Konzernarchiv, Stuttgart-Untertürkheim

DaimlerChrysler AG/
Pressestelle Nutzfahrzeuge,
Stuttgart-Möhringen

Archiv Klaus Fischer, Ottobrunn
Archiv Manfred Gersinske, Engelskirchen

Sammlung aus Städtereinigung und Entsorgung
(SASE), Iserlohn

Archive der im Buch erwähnten Gerätehersteller